legenda Q

Impressum

Aufbrechen – Philosophische Inspirationen für Reisende

Autoren
Dr. Christoph Quarch *www.christophquarch.de*
Dr. Peter Vollbrecht *www.philosophisches-forum.de*

Herausgeber
ZEIT REISEN / Zeitverlag Gerd Bucerius GmbH & Co.KG
www.zeitreisen.zeit.de

Buchgestaltung
Björn Pollmeyer *www.coscreen.net*

Buchidee und Projektsteuerung
Christine Teufel *www.christophquarch.de*

Illustrationen
Andreas Klammt *www.andreasklammt.de*
Björn Pollmeyer (»Wellen« auf Vor- & Nachsatz)

Gedruckt in der Europäischen Union, Finidr, CZ

MIX
Papier aus verantwortungsvollen Quellen
FSC® C014138
www.fsc.org

Product footprint
CO_2 Neutral
NC-CFM-015258
www.nepcon.net

ISBN 978-3-948206-02-4

www.legenda-Q.de

Christoph Quarch & Peter Vollbrecht

Aufbrechen

Philosophische Inspirationen für Reisende

Inhalt

Vorwort der Autoren

Reisen ist einfacher geworden. Wer heute eine Reise unternehmen will, kann die dafür erforderlichen Vorbereitungen innerhalb von einer Stunde am heimischen Rechner oder während einer U-Bahn-Fahrt per Smartphone erledigen. Webportale ermitteln sekundenschnell günstige Preise für Hotels, Ferienwohnungen und Tickets. Auch wer nicht zu den Wohlhabenderen gehört, kann dank Sonderangeboten oder Schnäppchen auf Reisen gehen, und das durchaus mehrfach im Jahr. Das war noch vor hundert Jahren anders. Wer alte Reiseberichte liest, ahnt, mit welchem Aufwand das Reisen einst verbunden war. Ja, Reisen ist einfacher geworden.

Reisen ist schwieriger geworden. Wie das, wurde nicht gerade das Gegenteil behauptet? In der Tat, und dennoch: Reisen ist schwieriger geworden – wenn Reisen denn mehr ist als eine vorübergehende Verlagerung des Aufenthaltsortes oder eine Bewegung im Raum: wenn Reisen eine menschliche Praxis ist, die mit Bedeutung und Sinn aufgeladen ist. So jedenfalls wollen wir in diesem Büchlein den Begriff *Reise* verwenden. Reisen als eine Kulturform – als eben solche ist das Reisen schwieriger geworden. Es ist heute nicht einfach, so zu reisen, dass eine Reise auch *wirklich* eine Reise ist: eine Reise, die all das Schöne, Wunderbare und Großartige hält, was man sich von ihr versprechen darf. Reisen ist schwierig geworden, weil wir im Zeitalter eines Massentourismus leben, der teilweise in *Overtourism* umgeschlagen ist.

Wie lässt sich hinter diesem doppelten Vorzeichen von *einfacher* und *schwieriger* in unserer Zeit gut reisen? Wir wollen Sie zu einer kleinen gedanklichen Reise einladen, die Sie und uns dem Geheimnis des guten Reisens ein Stück näherbringen möchte. Wir konzentrieren uns dabei auf diejenige Form des Reisens, die am stärksten kulturell geformt ist. Nennen wir sie die *touristische* Reise. Denn anders als bei einer geschäftlichen Reise handelt es sich bei ihr um eine Reise, die im Wesentlichen um ihrer selbst willen unternommen wird und die daher ihren Sinn aus sich selbst generieren muss. Das macht sie schwierig – auch wenn das Reisen heute so einfach geworden ist.

Eine Lösung für dieses Dilemma haben wir nicht, wohl aber können wir Impulse für ein verantwortungsvolles und besonnenes Reisen geben. Das ist uns ein Anliegen, denn nach wie vor öffnet der Tourismus ein Fenster zur Welt. Darin liegt der kulturelle Wert des Reisens. Fremden Lebensweisen zu begegnen, kann zu tieferen Selbstbegegnungen führen – auf beiden Seiten, für den Gast ebenso wie für die Gastgeber. Ihnen dafür Inspirationen zu geben, ist das Ziel dieses Buches.

Christoph Quarch und Peter Vollbrecht, August 2019

Vorwort des Herausgebers

Als Veranstalter qualitativ hochwertiger Reisen sollte man sich immer aufs Neue Gedanken machen: Gedanken über das Reisen – über seinen Sinn und Zweck, über seine Qualitätskriterien und Werte. Dabei stehen sowohl die Destinationen, Menschen und Kulturen, als auch die Themen und Intentionen hinter den Reisekonzepten im Fokus. Wie reisen wir? Was erleben wir vor Ort? Und natürlich auch: Was hinterlassen wir? Dies sind Fragen, die wir uns aktueller denn je, vor dem Hintergrund von »Overtourism« und dem »Ökologischen Fußabdruck«, stellen müssen.

ZEIT REISEN nimmt diese Herausforderung an, indem wir versuchen unkonventionelle und zeitgemäße touristische Konzepte zu entwickeln: Ob eine Busreise auf dem Landweg von Hamburg nach Shanghai, Segeltörns, Philosophie- oder Musikreisen, oder ein wachsender Bereich an Wander- und Naturreisen in Europa: Stets geht es uns darum, Reisen zu entwerfen, die neue Horizonte eröffnen und von den Kunden unter sozialen und ökologischen Aspekten begrüßt werden können: sinnvolle, gute, wertige Reisen.

Unser 20-jähriges Jubiläum haben wir zum Anlass genommen, einen Diskurs über das gute Reisen anzustoßen. Zu unserer großen Freude, haben sich unsere beiden philosophischen Reiseleiter, Peter Vollbrecht und Christoph Quarch, für die Idee begeistern lassen, eine kleine Philosophie des Reisens zu schreiben, die unseren Kunden Inspirationen zu einem guten und glücklichen Reisen in Aussicht stellt. In Peter Vollbrecht konnten wir damit den Pionier der philosophischen Reise gewinnen, dem wir dieses Format in unserem Programm verdanken – in Christoph Quarch einen vielgelesenen Autor und Denker, der durch seine zahlreichen Bücher und Radiobeiträge einem großen Publikum bekannt ist.

Das Buch, das die beiden zu unserem Jubiläum vorgelegt haben, verbindet Persönliches mit Philosophischem, Konkretes mit Abstraktem. Es lädt Sie ein zu einer Gedankenreise aufzubrechen, von der Sie hoffentlich – wie bei jeder guten Reise – inspiriert und bereichert zurückkehren werden.

Christopher Alexander für ZEIT REISEN,
im September 2019

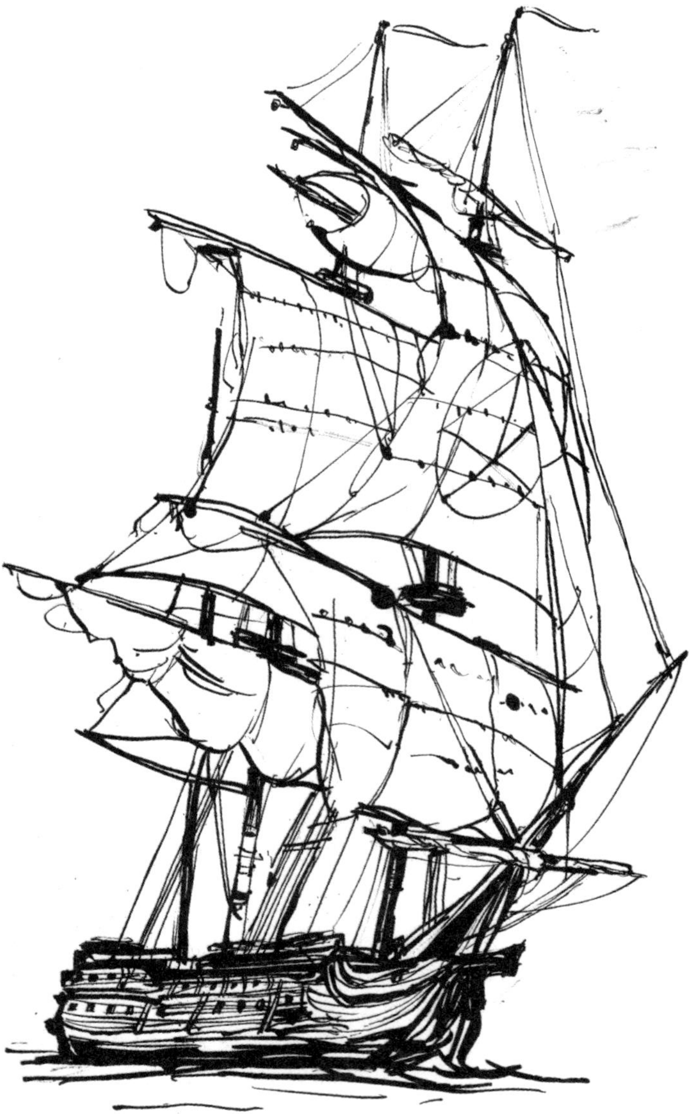

Unterwegs in der Welt

Eine kurze Geschichte des Reisens

Alles hat seine Geschichte. Auch unsere Vorlieben, unsere Leidenschaften und Hoffnungen. Alles erzählt sich in Geschichten, auch das Reisen. Es ist eine lange Geschichte, und von ihr sei kurz erzählt.

Seit Menschengedenken sind die Menschen unterwegs, zu Fuß, zu Pferd und mit der Kutsche, auf den Schiffsplanken und im Eisenbahnwaggon, und seit dem letzten Jahrhundert auch mit dem Automobil und dem Aeroplan. Die Geschichte des Reisens hat keinen geradlinigen Plot. Denn was gibt es da nicht alles: die Wander- und Pilgerschaft, die Eroberungs-, Forschungs- und Entdeckungsreisen, die Bildungsreisen, die Geschäfts- und Handelsreisen, und als späte Erscheinung die Erholungs- und Urlaubsreise. Dazu weitere Fäden im Knäuel, die Flitterwochen etwa oder das Meditations-Retreat – womit wäre bei all der Vielfalt der Anfang zu machen? Wie beginnen mit der Geschichte des Reisens? Vielleicht damit, was alles Unterwegssein auszeichnet: der gewisse Glanz.

Der Glanz des Reisens

Das Reisen hat einen hellen Glanz, seit jeher schon verspricht es neue Welten, reale wie existenzielle. Anderen Lebensarten zu begegnen, sie zu schmecken, vielleicht gar selbst ein Anderer zu werden oder endlich, endlich nur man selbst.

Es hat den Glanz einer Sehnsucht. Seidig bauschend seit den frühen Tagen des Orienthandels, nach Arabien, Persien, Indien und China führten die Wege, bis zu den Handelsstädten Holländisch-Südostasiens. Der Duft des Morgenlandes wehte über den Handel hinein nach Europa und betörte die Phantasien. Europäische Künstler und Intellektuelle exotisierten den Orient zu einer kulturellen Fremde, in die sie ihre Lebenssehnsüchte hineinzeichneten. Später rückten weitere Horizonte dazu: die Tempel der Azteken und Mayas, die Savannen Afrikas, die Flüsse Amazoniens, die Korallen der Südsee, die Weltmeere und die arktischen Zonen. Der seidige Glanz, hier schillert er in den Farben der Ferne.

Die Sehnsucht nach den Enden der Welt wird nicht selten befeuert von der Lust am existenziellen Ausgesetztsein, oft begleitet vom Verlangen nach dem Einmaligen und Augenblicklichen: Wie fühlt sich das Raumgefühl in den Weiten Patagoniens an? Oder auch jenseits alles Spektakulären, so etwa beim Morgentee in einer Bar am Flusshafen, wo man leicht fröstelnd auf das frühmorgendliche Linienboot wartet. Überall können sie sich ereignen, die magischen Momente, in denen sich uns unser Leben überhöht. Sie kommen wie Epiphanien eines sinnhaften Daseins. Sie sind zweifellos die entrücktesten Schönheiten des Reisens.

Dann glänzt das Reisen, ebenfalls betörend, mit der Farbe der kulturellen Erinnerung. Besonders hell leuchtet sie in den Städten, stets trifft man dort auf Vergangenheiten. Die magischen Orte unter ihnen wie Venedig, Paris oder New York, aber auch Jerusalem, Marrakesch, Rom oder Kapstadt haben über Jahrhunderte die Reisenden angezogen. Manche Reisende blieben länger dort, über einen Winter vielleicht, fanden ein Zimmer mit Schreibtisch, ließen sich inspirieren vom *genius loci* und brachten etwas zu Papier. Dafür taucht man ein in das Flair der fremden Stadt. Das unvertraute Ambiente möge inspirieren, und dabei schärft die selbstgewählte Einsamkeit die Aufmerksamkeit, das eigene Leben tritt konturenreicher hervor in den stillen Monologen, die man mit sich führt. Und dann gibt es noch eine weitere Linie des Reisens, der man das Existenzielle auf den ersten Blick gar nicht so ansieht: der Glanz des Sich-treiben-Lassens, hier haben die Ereignisse die Regie übernommen. Die Reisenden überlassen sich dem Fluss der Geschehnisse, privilegiert durch einen Luxus an Zeit und einer kleinen Barschaft an Reisemitteln. Dass das Leben ein lebenslanges Unterwegssein ist, gehört zu ihrer verschwiegenen Philosophie.

Eine Geschichte des Reisens hat keinen geradlinigen Plot. Aber eine Geschichte des Reisens könnte sich an jenem Text orientieren. Dann würde die Geschichte des Reisens nicht nur von Formaten und historischen Zeiten erzählen. Auch die verborgenen Motive kämen zur Sprache, das seelische Auge, das im Reisen nach Sinn und Fülle Ausschau hält. Und dieser Sinn weht auch heute noch vor uns her, wenn uns Reiselust oder gar Fernweh ergreifen. Denn das Reisen ist eine Nahrung für die Seele.

Die Reiseindustrie hat sie aufgegriffen, jene seelische Urschrift, in der der Glanz des Reisens codiert ist. Für einen modernen Ethnologen, der auf die eigene Zivilisation schaut, böten die Reiseprospekte einen aufschlussreichen Zugang zum Psychogramm der *Ethnie touristique,* jener merkwürdig bunten Gemeinschaft touristischer Weltbürger. Mal auf Stille und Selbsterfahrung aus beim Zen-Retreat oder mit Schlittschuhen über die winterlichen schwedischen Seen, dann wieder auf der Suche nach dem großen Erlebnis Sonnenfinsternis in der Namibischen Wüste oder ›voluntouristisch‹ Gutes tun und Nashörner betreuen in einem südafrikanischen Naturpark. Dazwischen jede Menge verschiedener Motive: Spaß, Sport, Kultur, Flirt und Bekanntschaften, ein bunter Reigen. So steht es heute um das Reisen. Stets glänzt das Reisen mit der Erwartung, es gebe noch ein anderes Leben jenseits des geregelten, in dem man seine Rollen spielt, nicht aber sich selbst. Auch hier geht es um Fülle. Im Glanz des Reisens schimmert ein Versprechen auf Lebendigkeit und auf ein üppigeres Dasein.

Das Reisen in vortouristischen Zeiten

Aber – was war der Beginn? Die ersten dokumentierten Reisen treffen wir in den großen Mythen, im *Gilgamesch*-Epos oder in der Homerischen Dichtung. Über die Reisen, von denen die *Ilias* und die *Odyssee* erzählen, erfuhr der Zeitgenosse etwas von der großen Welt, von fernen Inseln und Städten, von Seefahrten und Schlachten, von Leben und Tod. In der Literatur ist alles erlaubt, nichts und niemand zensiert die Seele, die opulent in Bildern schwelgt, ja die bei Lichte betrachtet ihre eigene Reise inszeniert. Denn das war die mythische Welt, psychologisch gedeutet: eine Reise der Seele zu sich selbst. Innen und außen scheinen sich zu bespiegeln, Odysseus' Irrfahrten in der mittelmeerischen Welt erzählen zugleich von den Wirrnissen des Menschenlebens. Das macht die Homerische *Odyssee* zum Archetypus des Reisens schlechthin und sichert ihr ihren bleibenden Bestand im Kulturgut der Menschheit. Seitdem wissen wir um die wahre und tiefste Bedeutung des Reisens: auf Reisen ist man unterwegs zu sich selbst.

Die mythische Reise des Odysseus prägt das Muster aller Reisen, doch historisch verbriefte Unternehmungen sind erst aus der frühen Antike bekannt. Schon lange vor unserer Zeitrechnung reiste man, um seine Erkenntnisse bei denen zu erweitern, die in den Wissenschaften die Nase vorn hatten. Die Stadtkulturen des ›Fruchtbaren Halbmondes‹ über Ägypten, Syrien und Mesopotamien waren die Reiseziele von Unternehmungen, die wir nur vom Hörensagen her kennen, denn verlässlich dokumentiert ist davon so gut wie nichts. Doch glaubhaft, weil in vielen Quellen erwähnt, ist, dass jeder antike Philosoph, der etwas auf sich hielt, ›Auslandssemester‹ dort verbrachte. In der Regel studierte man dort bei einem Lehrer Mathematik und Astronomie. Damit ließ sich die feste Seinsordnung des Himmels aufschließen. Und weil antiker Überzeugung zufolge das richtige Leben sich an den himmlischen Ordnungen auszurichten hatte, hielt man mit dem astronomischen Wissen auch einen Schlüssel für die Suche nach Weisheit in den Händen. Der Glanz des Reisens jener Tage lag in der Aussicht, über Wissen und Weisheit einen festen Stand in der Welt zu gewinnen. Über Jahrhunderte hinweg blieb dieses Motiv tragend. Es bildeten sich Wissenszentren und Orte ritueller Begegnungen heraus, an denen die antiken Weisheiten gepflegt und auf religiöse Orientierungen ausgerichtet wurden: Rom, Konstantinopel, aber auch die Klöster von Monte Cassino, Cluny und Sankt Gallen auf europäischem Boden, dann eine Vielzahl anderer Lehrstätten wie Nalanda in Indien, Isfahan, Bagdad und

Buchara im mittleren Asien, die Gelehrten in den städtischen Metropolen Chinas. Die weltweiten Wege des Denkens sind ungemein verästelt, und bevor wir uns darin verlieren, kehren wir auf europäischen Boden zurück und lassen uns den Vorwurf gefallen, eine Geschichte des Reisens aus eurozentrischer Perspektive zu erzählen.

Aber weniger ist manchmal mehr, und so staunen wir über den Umstand, dass im Mittelalter keiner der christlichen Gelehrten den antiken Reiserouten mehr folgte. Stattdessen entstand ein regelrechter Wallfahrts-Tourismus, zu dem die Gläubigen aufbrachen, um Buße zu tun und die Begegnung mit dem Heiligen zu suchen. Auch erwartete man von einer Pilgerreise, von Krankheiten geheilt zu werden, und so entstanden an den Routen die ersten Krankenhäuser. Rom, Santiago de Compostela und das Heilige Land waren die wichtigsten Ziele, zu denen man aufbrach. Der Glaube mit seiner Erlösungssehnsucht war dabei das treibende Motiv und nicht mehr, wie auf den antiken Reisen, das Wissen. Natürlich waren auch weiterhin Bildungsreisen möglich, zumeist waren es Mönche, die von Kloster zu Kloster reisten, gleichwohl lagen Forschung und Wissenschaft unter einem bleiernen Himmel, der besonders schwer über europäischen Ländern hing.

Doch an anderen Orten der Zivilisation brummte es, der Bildungstourismus nahm einen fulminanten Aufschwung bei den muslimischen Gelehrten zur Zeit des

Goldenen Zeitalters des Islam (9.–12. Jahrhundert). Sie wurden umhegt und umworben von den abbasidischen Herrschern, die keinen finanziellen Aufwand scheuten, um die berühmtesten Köpfe an ihre Höfe zu verpflichten. In den ›Häusern der Weisheit‹ in Bagdad und Kairo wurden die griechischen Schriften übersetzt, es wurden astronomische Beobachtungen angestellt, Weltkarten gezeichnet und Erdgloben gebastelt. Die Besucher aus dem Abendland staunten über die komfortablen Krankenhäuser, in denen die Kranken rundum versorgt wurden, wo die Medizin zu einer Wissenschaft avanciert war, deren Lehrbücher bis ins 18. Jahrhundert auch in den christlichen Zivilisationen kanonisch blieben. Ein Wissenschaftsraum, der in seiner Zeit keine Parallele hatte, spannte sich von Buchara im heutigen Usbekistan bis nach Córdoba in Andalusien. Hier treffen wir wieder auf den antiken Glanz des Reisens: die angehenden Gelehrten brachen auf zu ihren Lehrern, die in den ›Häusern der Weisheit‹ unterrichteten und forschten.

Weit herumgekommen waren sie alle, die muslimischen Mediziner, Astronomen, Optiker, Mathematiker, Geographen, Philosophen und Mystiker, doch – waren all das Reisen gewesen? Eher war es eine Lebensform, die unter Gelehrten, Handwerkern und Händlern verbreitet war. Die Bildungszentren lagen in den blühenden Handelsstädten in spärlich besiedelten Landstrichen, das Unterwegssein war eher ein Übel und noch längst kein

Selbstzweck. Zudem mussten sich die Gelehrten immer wieder neue Förderer suchen, die Machtverhältnisse waren fragil und erzwangen manchen Ortswechsel. Der berühmte Philosoph und Mediziner *Ibn Sina,* Avicenna (980–1037) sein latinisierter Name, zog im Laufe seines Lebens von Usbekistan nach Persien, *al-Farabi* (872–950), ein türkischer Gelehrter, der erstmals im zehnten Jahrhundert eine geschlossene islamische Philosophie erarbeitete, durchquerte die halbe muslimische Welt von Kasachstan über Bagdad nach Syrien. Zu den unsicheren politischen Verhältnissen kamen Konflikte, die sich zwischen den Weltbildern von Wissenschaft und der offiziellen Lehre auftaten und die Denker zu mitunter erratischen Fluchtbewegungen veranlassten. Im christlichen Abendland war *Giordano Bruno* (1548–1600) der Prototyp eines Gelehrten, der sein halbes Leben lang auf der Flucht war, ausgeworfen aus dem Zentrum der Gesellschaft zog er seine Bahn durch England und Mitteleuropa und endete im Februar des Jahres 1600 auf dem Scheiterhaufen in Rom.

Was machte die Gelehrten des Mittelalters zu Reisenden? Sie waren es nicht im heutigen Sinne, aber sie waren Suchende, die in der Welt des Geistes heimisch werden wollten, sie waren Reisende im philosophischen Sinn. Sie verbanden als tourismusgeschichtliches Bindeglied die Antike mit der Welt der frühen Aufklärung. Und dabei strickten sie an einem bis heute tragenden

Narrativ des Reisens: Erkenntnis, Bildung, Heilserwartung und, alles zusammenfassend, die Erweiterung des persönlichen Horizontes. Über einen Zeitraum von über zweitausend Jahren entwickelt sich dieses Narrativ, von den antiken Reisen bis zu den Bildungsreisen der letzten drei Jahrhunderte.

In das klassischste aller Narrative des Reisens haben sich seit dem letzten halben Jahrtausend weitere Motivstränge hineingeflochten. Die Entdeckungsreise treiben Abenteuerlust und Erkenntnisdrang zu den Enden der Welt. Man wollte dorthin, wo noch kein Europäer zuvor war, zu den Nilquellen oder zum geheimnisvollen Südkontinent einer *terra australis incognita.* Die Fixierung auf Rekorde stand auch am Beginn der Geschichte des Alpinismus: Sturmläufe zu Gipfeln und Expeditionen zu den Polen. Historisch führte die Entdeckungsreise allerdings einen unheiligen Zwilling mit sich: der Griff nach Eroberung und Unterwerfung einheimischer Völker. Diese Allianz von Entdeckung und Eroberung bestand über vier Jahrhunderte bis zur Kolonialzeit des 19. und frühen 20. Jahrhunderts. Allerdings traten mit der europäischen Aufklärung Entdeckungsreisende auf den Plan, die fremdkulturelle Begegnungen suchten und die sich überaus kritisch zur europäischen Expansion stellten.

Die Eroberungs- und Entdeckungsreisen

Die Renaissance war fasziniert vom Raum, der zum großen Kulturthema wurde: der äußere politisch-geographische Raum und der innere von Seele und Körper. Philosophisch und künstlerisch inszenierte die Renaissance immer neue Grenzgänger zwischen den inneren und äußeren Räumen, politisch und geographisch dagegen setzte jene Zeit auf Eroberung und Aneignung des Raumes. Und nun, dank neuer nautischer Techniken, kam auch ein neuer Typus des Reisens auf. Es waren gewaltige Unternehmungen, finanziert aus der spanischen und portugiesischen Staatskasse, es ging mehr um Eroberungen als um Entdeckungen. Gleichwohl: Tief beeindruckt waren die Spanier, Italiener und Portugiesen von der Fruchtbarkeit und der Anmut der tropischen Landschaft. Den Florentiner *Amerigo Vespucci* (1454–1512), der von 1499–1504 mehrfach die südamerikanische Küste bereiste (nach ihm benannte ein Kartograph den Doppelkontinent ›Amerika‹), betörte der aromatische Duft der Früchte so sehr, dass er meinte, »in der Nähe des irdischen Paradieses zu sein.« Doch von den Bewohnern war er alles andere als angetan. Grausam seien sie, ohne Anlass führten sie Kriege, siebenundzwanzig Tage habe er bei ihnen gelebt, er wisse, wovon er spreche. *Christopher Kolumbus* (1451–1506) war milder im Urteil, er hob die körperliche Schönheit der Eingeborenen hervor, »da sie uns große

Freundschaft erwiesen, erkannte ich, dass es Leute waren, die sich besser mit Liebe zu unserem heiligen Glauben befreien und bekehren würden als mit Gewalt.«

Die Europäer sprachen den Kulturen und den Eingeborenen Amerikas keinen eigenen Wert zu. Besonders brutal gingen die Conquistadoren bei der Eroberung Mexikos und Perus vor. *Hernán Cortéz* 1485–1547) und *Francisco Pizarro* (1476–1541) schrieben das schändlichste Kapitel der europäischen Expansion. Mit Hinterlist, Intrigen und Vertragsbrüchen spielten sie die indigenen Völker gegeneinander aus und brachten sich in den Besitz märchenhafter Goldschätze. Doch die tödlichsten Begegnungen ereigneten sich nicht auf dem militärischen Schlachtfeld, sondern auf dem biologischen Kampfplatz: Die Spanier brachten die Syphilis, die Tuberkulose, die Grippe und die Pest nach Amerika. Von den 22 Millionen indigenen Bewohnern Mexikos überlebten bis zum 19. Jahrhundert gerade einmal 2 Millionen.

Zur Zeit der Aufklärung befinden wir uns auf völlig anderem Terrain als zur Zeit der Renaissance. Europa ist aufgeklärter geworden, ohne allerdings den eurozentrischen Dünkel infrage zu stellen: Man sei die fortschrittlichste Zivilisation des Menschengeschlechts. Kein Schwarzer, so argumentierte der schottische Philosoph *David Hume* (1711–1776), habe es je in den Wissenschaften zu etwas gebracht. Man fühlte sich kulturell überlegen, aber man sprach nun den Indigenen ihren humanen

Wert nicht mehr ab. Und auch auf den Schiffen bemühte man sich um eine menschenwürdigere Unterbringung und Ernährung der Matrosen. Als *Fernando de Magellan* (1485–1521) als erster 1519–1522 die Welt umsegelte, brachte sein Kommando von 265 Mann lediglich 15 wieder nach Hause. *James Cook* (1728–1779) hingegen kehrte von seiner zweiten Weltumsegelung 1775 zurück, ohne einen einzigen Matrosen an Skorbut verloren zu haben. Doch auch die Entdeckungsreisen der Aufklärung waren von politischen Machtansprüchen geprägt, vor allem durch die englisch-französische Rivalität in Afrika und Nordamerika. Nun aber reisten auf den Schiffen Gelehrte mit, die mitunter Fragebögen der Wissenschaftsakademien bei sich hatten, die sie vor Ort auswerten sollten. So formulierte das Institut Royale de France im Jahre 1800: »Welchen Eindruck macht das Schauspiel außerordentlicher Naturerscheinungen auf den Wilden? Glaubt er daran, bereits vor seiner Geburt irgendeine Form der Existenz geführt zu haben? Glaubt er an ein Weiterleben nach dem Tod? Glaubt er an die Möglichkeit einer rein geistigen Existenz?« Europa begann, sich für fremde Ethnien zu interessieren. Man rüstete Expeditionsreisen aus. Ihnen folgten recht schnell die Handlungsreisenden, und nicht selten war es auch umgekehrt. Dann trieben Handelsinteressen die Expeditionen an. Schon der Venezianer *Marco Polo* (1223–1324) reiste im 13. Jahrhundert an den Hof des chinesischen Kaisers, weil sein Vater und sein Onkel ihn mitgenommen hatten mit der Aussicht auf reiche Geschäfte.

Tourismus, das Phänomen einer Bildungsgesellschaft

Entdeckung, Eroberung, Expedition und Handel, das alles erzählt eine vortouristische Geschichte des Reisens. In ihr griffen die Reisenden nach Welt, man wollte sie entdecken, enträtseln, verstehen, und man wollte sich auch materiell bereichern an ihr. Mit der touristischen Epoche des Reisens änderte sich das Paradigma. Nun ging es auch um das eigene Selbst, das man im Spiegel des Fremden erkennen wollte, um gestärkt an Erfahrungen heimzukehren.

Der Begriff Tourismus hat seinen Ursprung im Französischen und nahm seinen Ausgang in der ›Grand Tour‹, eine Art Erziehungsreise für den jungen Adel. Sie sollten sich umsehen in der Welt, um zurückzukehren (frz. tourner) auf das eigene Landgut. *Laurence Sterne* (1713-1768), der Autor von *Tristram Shandy,* hebt den Nutzen hervor, den Sprachenkenntnisse und Weltgewandtheit für die gesellschaftliche Konversation haben. Als Begründer der ›Grand Tour‹ gilt der Brite *Thomas Coryate* (1577–1617), Sohn eines Geistlichen, ein ziemlich bunter Vogel, den es auf seinen Reisen bis nach Indien verschlagen hatte. Berühmt wurde er durch die Publikation seiner Beschreibungen einer fünfmonatigen Fußreise durch Frankreich, die Niederlande, die Schweiz und Deutschland nach Italien. *Michel de Montaigne* (1533–1592), der französische Essayist aus Bordeaux, hatte es zuvor im Jahr 1580 auf eine 14-monatige Europareise gebracht, die ihn über eine ähnliche Route nach Italien führte.

Doch eine wirklich persönliche Note sucht man vergeblich in den Reiseberichten der frühen Neuzeit. Man blieb betont sachlich und gab den eigenen Gefühlen keinen Ausdruck. Das änderte sich, als die Fremde mehr als nur beobachtet wurde. Die Reisenden begannen, Begegnungen zu suchen, auf eigene Faust und individuell, Begegnungen mit dem einfacheren Volk, mit fahrenden Leuten, mit fremden Sitten und Gebräuchen, mit dem Glück und dem Elend der Landbevölkerung. Es waren die frühen Außenseiter der Gesellschaft, die dem Reisen einen neuen Sinn abgewannen. Sie tauchen vermehrt auf seit dem späten 18. Jahrhundert, sie kamen aus begüterten Elternhäusern und konnten es sich leisten, eine Karriere im Staatsdienst auszuschlagen oder wenigstens aufzuschieben. Anderes drängte sie mehr, das Reisen wurde zum Spiegel einer individuellen Selbstbegegnung. Noch waren es wenige, die sich aufmachten zu Fuß oder mit der Kutsche, das Reisen war beschwerlich und erforderte schon von daher ein physisches Stehvermögen. Auch reiste man ins Unbekannte, das noch nicht abfotografiert war. Wir Heutige haben auf Hochglanzfotos schon fast alles gesehen, und es soll Zeitgenossen geben, die offen enttäuscht reagieren, wenn die aufgesuchten Örtlichkeiten anders aussehen als die Bilder in den Journalen, auf Instagram oder Facebook.

Doch drehen wir das Rad der Zeit noch einmal zurück zu den Anfängen des Tourismus, als starke Individuen wie *Jean Jacques Rousseau* (1712–1778) durch Savoyen und Frankreich zogen und von der Hand in den Mund lebten. Sie waren intellektuelle Abenteurer oder künstlerische Naturen, die in der Fremde neue Sujets suchten. Man könne die römischen Humanisten nicht verstehen, wenn man Frankreich und Italien nicht bereist habe, meinte schon der Reiseschriftsteller *Richard Lassels* (1603–1668) im 17. Jahrhundert. *Johann Wolfgang von Goethe* (1749–1832) wuchs zum Prototypen des Italienreisenden heran. »Ja, ich kann sagen, dass ich nur in Rom empfunden habe, was eigentlich ein Mensch sei. Zu dieser Höhe, zu diesem Glück der Empfindung bin ich später nie wieder gekommen«, gestand der alternde Geheimrat seinem Eckermann. Auf jeden Fall suchte Goethe in Italien den Wert des Menschen in der Kunst des Altertums. Farbiger fasste er das Unterwegssein in seinem *Wilhelm Meister,* der für das Bildungsbürgertum seiner Zeit zur Matrix für den Entwicklungsweg des Individuums wurde: An den Begebnissen, die dem Reisenden widerfahren, an der »empirischen Weltbreite« wächst die Persönlichkeit.

Dann aber gab es auch andere Stimmen im 19. Jahrhundert. Die Reisenden ritt eine Neugier, die nicht zensiert war von der normativen Last ihrer Bildung, und sie öffneten Auge und Ohr für die einfachen Bauern auf dem Lande. *Heinrich Heine* (1797–1856) wirft schon einen gesellschaftskritischen Blick auf die ärmlichen Verhältnisse der Nordsee-Insulaner. Blutarm seien sie, schreibt er auf der Insel Norderney im Jahr 1826, auf fremden Schiffen heuern sie zum Fischfang an, die Väter mit ihren Söhnen, und jeder Schiffbruch reiße ein großes Loch in die Familie. Entwurzelt würden sie durch das urbane Treiben der Touristen in ihrem Seebad. Die Warmherzigkeit, mit der er sich in ihr Gemüt hineinfühlt, zeigt den Romantiker in ihm. Heinrich Heine ist ein Reisender, der die sterbenden Blüten einer Schöpfung poetisch bewahrt. Er wird einen Nachfolger in *Claude Lévi-Strauss* (1908–2009) finden, der in seinem ethnographischen Klassiker *Traurige Tropen* das langsame Sterben der letzten Indianerstämme Brasiliens in den 30er Jahren des vorigen Jahrhunderts begleitet.

Die Entdeckung der Natur als Reiseziel

Das Fremde zeigte in jener Zeit aber noch ein weiteres Gesicht: die große Natur. Der italienische Dichter *Francesco Petrarca* (1304–1374) hatte sie schon im 14. Jahrhundert durch seine Besteigung des Mont Ventoux literaturfähig gemacht, was konkret bedeutet: die Natur kann der Seele etwas sagen. »Dann aber, sattsam zufrieden, den Berg gesehen zu haben, wandte ich den innern Blick in mich selber zurück. Wenn es uns nicht verdrießt, soviel Schweiß und Mühsal zu ertragen, um den Körper dem Himmel ein weniges näher zu bringen: welches Kreuz, welcher Stachel darf eine Seele schrecken, die sich Gott nähern will!«

Petrarca war damit seiner Zeit weit voraus gewesen. Dem Bewusstsein der folgenden Jahrhunderte war nämlich die Natur wieder etwas entglitten, oder treffender gesagt: Natur wurde an die Physik und die Astronomie verwiesen. Die zivilisatorisch unbehauene Natur dagegen bedeutete dem Gemüt und dem Geist nichts Positives. Die schroffe Bergwelt flößte den Menschen des 17. Jahrhunderts einen tiefen Schrecken ein. Berge galten mit ihren Felsschründen als hässlich, ungestalt und zivilisationsfeindlich. Wenn Natur den Menschen berühre, dann als Garten oder Landschaft. Dieser Geist erfüllte damals auch ein reizvolles literarisches Genre: die Gesellschaftsutopie. *Tomaso Campanella* (1568–1639) und *Thomas Morus* (1478–1535) waren die Meister jener kulturellen Erzählungen, die auf entfernten Inseln spielten, von denen heimkehrende Seefahrer ihrem staunenden Publikum berichteten. Man sei dort in einem fernen Landstrich einem vernünftigen Gemeinwesen begegnet, die

Menschen lebten gewaltlos und glücklich in weiser und guter Arbeitsteilung, ohne Ausbeutung in einer egalitären Gesellschaftsordnung. Das Regiment habe dort die Vernunft inne. Sie stelle die natürliche Ordnung unter Menschen wieder her. Dieser literarische Ansatz zündete nicht weniger als die Naturphilosophien des 18. Jahrhunderts, die sich daran machten, Natur und Kultur zu versöhnen. Die ökologische Bewegung unserer Gegenwart zehrt vom naturphilosophischen Kapital jener Tage, von Goethe, von Schelling und von den Romantikern der ersten Stunde.

Und damit stehen wir vor den großen Naturreisenden des 19. Jahrhunderts. *Alexander von Humboldt* (1769–1859) bereiste in fünf Jahren die spanischen Kolonien in Venezuela, Ecuador, Peru, Kuba und Mexiko. Schließlich gelangte er in die Vereinigten Staaten, wo er sich in mehreren Unterredungen mit dem damaligen Präsidenten *Thomas Jefferson* (1743–1826) kritisch über die Sklaverei äußerte. Erklärter Zweck des Unternehmens Amerikareise war es, das »Zusammen- und Ineinanderweben aller Naturkräfte« zu entdecken. Alexander von Humboldt ist tatsächlich ein Ahnherr des ökologischen Denkens, schon vor 200 Jahren bemerkte er auf seinen Reisen in Venezuela, wie das ökologische Gleichgewicht durch exzessives Wassermanagement in der Nähe von Bergwerken gestört wird und zur Versteppung der Landschaft führt. Die Natur als ein organisches Ganzes, das war ein Mantra der

Goethezeit gewesen, mit dem die Dichter und vor allem die Naturphilosophen sich gegen *Isaac Newtons* (1642–1726) analytisch-zergliedernde Naturauffassung stellten.

In diesem Zusammenhang darf eine außergewöhnliche Frau nicht unerwähnt bleiben, die von 1699 bis 1701 eine zweijährige Forschungsreise ins tropische Surinam unternahm, wo sich ausgehend vom Atlantik der endlose Urwald zwischen dem Amazonas und dem Orinoco erstreckt. *Maria Sibylla Merian* (1647–1717), Tochter des bekannten Verlegers und Kupferstechers Matthäus Merian, war fasziniert von der Welt der Insekten. Gott habe sein ganzes Können gerade auch den scheinbar geringsten Wesen zukommen lassen, und inbrünstig staunte sie über die Metamorphosen der Schmetterlinge, in denen sie ein göttliches Meisterwerk zu erblicken meinte. Diese Einstellung traf auf den Nerv der Frömmigkeit der dortigen Kolonialisten, denen die große, überbordende, südamerikanische Natur als Hort göttlichen Wirkens galt. Maria Sibylla Merian drang mit ihrer Tochter auf mehreren Expeditionen tief in den tropischen Wald vor und zeichnete Falter und Pflanzen, wobei sie sich der indianischen Namen bediente. Eine schwere Malariaerkrankung zwang sie zur Rückkehr nach Amsterdam, wo sie ihre mitgebrachten Exponate ausstellte und in feinsten Zeichnungen aufwändig publizierte – einhundert Jahre vor der großen Südamerika-Reise Alexander von Humboldts.

Ein Jahrhundert später hatte sich das Wissenschaftsparadigma stark verändert. Die empirischen Daten lösten die religiösen Motive ab. Alexander von Humboldt machte sich 1802 mit einer Tasche von Messgeräten – darunter auch ein sogenanntes Zyanometer zur Messung der Bläue des Himmels – auf zum Gipfel des Chimborazo, dem er bis auf 300 Meter nahekam. Damals galt der Vulkan als höchster Berg der Welt, und Humboldt hielt für mehr als fünfzig Jahre den Höhenrekord im Bergsteigen. An dieser Stelle müsste man nun die Geschichte des Alpinismus erzählen mit den wichtigsten Eckdaten, der Besteigung des Mont Blanc im Jahr 1786 durch *Michel Gabriel Paccard* (1757–1827), dann natürlich *Edward Whympers* (1840-1911) Besteigung des Matterhorns 1865, dazu kommen dann im zwanzigsten Jahrhundert die Expeditionen zu den arktischen Polregionen sowie zu den Achttausendern des Himalaya – aber das würde ein eigenes Kapitel ergeben.

Staunen wir lieber noch einen Moment lang über den Drang der Reisenden zur großen, feindlichen, menschenleeren Natur. Dem englischen Philosophen *Edmund Burke* (1729–1797) gebührt die Palme, den Zeitgeist des 18. Jahrhunderts für das Erhabene der Natur sensibilisiert zu haben. *Immanuel Kant* (1724–1804) war hierin sein Schüler, er stellte das Naturschöne über das Kunstschöne – revolutionär damals, allerdings hielt sich Kant ein Hintertürchen offen: Das Naturschöne könne nur ein moralischer Charakter wirklich genießen, meinte er. Und damit stellte er dann doch die Zivilisation wieder über die Natur.

Die Romantiker setzten die Natur wieder in ihre Rechte ein, wanderten durch die Wälder und entdeckten die schöne Landschaft, in der die Flussläufe zu einem Naturbild für den Gang der Zivilisation wurden. *Friedrich Hölderlin* (1770–1843) dichtete große Hymnen auf den Rhein und den Neckar, die romantischen Naturmaler *Caspar David Friedrich* (1774–1840) und *William Turner* (1775–1851) verliehen der Natur ein metaphysisches Glacis. Die Natur wurde zum Raum, in dem der Mensch sein ›besseres Selbst‹ entdeckt. Aus anderem Holz geschnitzt war der englische Romantiker *Lord Byron* (1788–1824), der ein Wettschwimmen im venezianischen Canal Grande gewann – für ihn war die Natur nicht mehr nur ein Raum der Selbstbegegnung, sondern einer der Selbstbewährung.

Romantische Reisen waren Imaginationsreisen, Reisen in die Poesie als der größeren, weiteren Natur des Menschen. Das sind sie bis heute geblieben, die romantischen Motive sind, gerade beim Reisen, allerorten greifbar. Stiller in der Toskana und der Provence als europäische Seelenlandschaften, in denen, nach einem Wort des Philosophen *Theodor Adorno* (1903–1969), der Mensch mit der Natur Frieden geschlossen habe. Farbiger in den Fernzielen, im Orient, zu dem die Maler aufbrachen um die Wende ins zwanzigste Jahrhundert. Das Licht des Orients begeisterte *Eugène Delacroix* (1798–1863), *Auguste Renoir* (1841–1919), *Paul Klee* (1879–1940), *August Macke* (1887–1914), zu den Südseeschönheiten zog es *Paul Gauguin* (1848–1903). Ihnen folgten die Fotografen, die das Leben der Beduinen auf schwarzweiß zogen. Sie brachten das Formenspiel von Licht, Schatten, Staub, Kamelen und Bazar, von Turban und Kaftan auf Leinwand und Zelluloid. Ihre Bilder inspirierten die Fantasie des europäischen Betrachters zu inneren Vorstellungsbildern. Sehnsuchtsorte im Glanz des Reisens, und die Erlebnisse und Erfahrungen jener Reise-Pioniere berühren uns heute noch, denn ihre Bilder und Berichte erzählen von einer Welt, die wir heute nie wieder so sehen können.

Die Erholungsreise

Welche Motive auch immer zum Reisen bewegen – seit jeher bringen sie das Versprechen mit, die Zeit auf Reisen sei von ganz besonderem Wert. Seit einem guten halben Jahrhundert haben sich alle sozialen Schichten die ›schönsten Wochen des Jahres‹ erschlossen. Der Anspannung des Arbeitslebens folgt das Ausspannen während der Erholungsreise. Um ›Urloup‹ baten die Ritter des Mittelalters, dann folgten im 19. Jahrhundert die Staatsbeamten, die um Erlaubnis baten, für ein paar Tage von ihren Arbeitspflichten entbunden zu sein: das Wort ›Urlaub‹ hat seine etymologische Wurzel im ›Erlauben‹. 1903 erstritten auch die Arbeiter einen dreitägigen Urlaub.

Die Urlaubsreise im Format der Erholungsreise führte zu Beginn des 20. Jahrhunderts an den Meeresstrand. Auch hier war das reichere Bürgertum der Vorreiter und suchte die mondänen Badeorte an der englischen Kanalküste und der französischen Côte d'Azur auf. In seinen Romanen und Erzählungen lässt *Thomas Mann* (1875–1955) das Urlaubsgefühl des wohlhabenden Bürgertums aufleben: Bade- und Körperkultur, Sonne und Sommer, Familienleben mit Strandkorb und Strandburg, eine Zone der kleinen Ungezwungenheit inmitten eines steifen, in Etikette eingeschnürten Lebensalltags. Wenig später wurde der Süden zum Inbegriff natürlicher Lockerheit, hier konnte man besser als anderswo sein Glück im Augenblick von Sommertagen finden. Die Zeit anhalten im *dolce far niente,* die Urlauber rösten in der Sonne auf ihren Handtüchern, und der rauschende Seewind in der Ohrmuschel entrückt in einen dösenden Halbschlaf. Die Welt steht still, nirgendwo ist man präsenter im Nichtstun als beim Sonnenbaden am Strand.

Die Stille der Welt erlebt und erfährt man auch bei einem anderen Typus des Reisens, weniger verbreitet als die Strandreise, aber mit ähnlichem Erholungsfaktor: dem Wandern. Die Bewegung fokussiert den Geist auf den Körper und bringt Seelisches und Leibliches in eine ungewohnte Harmonie. Liegt darin der Erholungswert? Fakt ist: Schon nach zwei Tagen ist man den Alltagssorgen abhold. Und schon mit den ersten Schritten ist man in einer anderen Welt, man ist fort und dort, denn zum Dort-Sein verleitet schon der aufmerksame Blick auf den steinigen Bergpfad. Die langsame Bewegung draußen in der Natur – ein ganz und gar unspektakulärer Glanz des Reisens.

Massentourismus: Hedonistisches Erlebnis versus reflektierte Erfahrung

Für die Reiseindustrie verspricht weder das süße Nichtstun am Strand noch das individuelle Wandern große Renditen. Dazu musste es allererst marktfähig gemacht werden. Zugkräftige Slogans mussten her. In schicken Strandresorts *all inclusive* erfährt das erholsame Nichtstun die nötige Beschleunigung zum Tauchen, Wellen- und Windsurfen, Wasser- und Jetski. Exklusiver auf Segeltörns oder gemütlich durch den Canal du Midi: der entspannte Urlauber will auch die Abwechslung und in dosierten Maßen sogar das betreute Abenteuer. Die schönsten Wochen des Jahres kennen viele Inhalte. Fahrradfahren in Vietnam, Übernachten in einer mongolischen Jurte, Whale-watching in Alaska ...

Nichts davon ist kulturell und ökologisch problematisch, solange es einem kleinen Kreis vorbehalten bleibt. Doch morgen schon drängen größere Zahlen dort hinein: Auch die Klasse wird zur Masse, wie sich am boomenden Kreuzfahrtgeschäft belegen lässt. Die zerstörerischen Züge des Massentourismus sind zu bekannt, als dass sie hier noch einmal durchgekaut werden müssen. Philosophisch interessanter ist da die Frage, wie sich die Mentalität des Reisens verändert in den Zeiten des Massentourismus. Das klassische touristische Narrativ, den eigenen Persönlichkeitshorizont zu erweitern, hat überwiegend abgedankt. Überwiegend, nicht allerorten. Aber vorherrschend ist das Erleben das neue Erfahren. Um Einsprüchen vorzubeugen: Jede Erfahrung gründet auf einem Erleben. Die Erlebnisqualitäten beim Reisen sind nicht der Stein des Anstoßes. Gleichwohl zieht die Erfahrung eine längere Linie durch die Zeit als das episodische Erleben. Das Erleben wird nachhaltig nur durch Erfahrung. Und darum geht es hier: Das langwellige Erfahren, das immer auch einer Reflexionsleistung bedarf, wird im neuen touristischen Narrativ an den Rand gedrängt und vom lustbetonten Erleben überstimmt.

Seit Kurzem ist die Öko-Bilanz des Reisens in den Fokus geraten. Der WWF schätzt die Emissionen des weltweiten Tourismus auf ca. 5 Prozent aller Emissionen, bei 1,3 Milliarden Ankünften weltweit. Wenn also jeder sechste Erdenbürger eine Reise pro Jahr unternimmt, dann zählen alle für ein Zwanzigstel der Emissionen. Rechnen wir hoch: Unternähme jeder Erdenbürger eine Reise im Jahr, dann käme aller Tourismus auf gut ein Drittel der Emissionen. Wie lange dauert eine Reise im Schnitt? Vielleicht eine Woche? Viele von uns kommen auf deren drei. Wäre das Weltstandard, dann würde unser blauer Planet mit dem Doppelten aller jetzigen Emissionen belastet. Drei Wochen Urlaub zählten dann – egalitär auf alle Menschen berechnet – für alle heutigen Emissionen zweier kalendarischer Jahre. Die ›schönsten Wochen des Jahres‹ also ein Ressourcenfresser und Klimakiller.

Nun, man kann Zweifel anmelden an der Berechnung. Aber ihre Proportionen sind so eindeutig, dass selbst dann der Hut noch stiege, wenn die Öko-Bilanz sich auf die Hälfte oder gar ein Viertel reduzieren ließe. Das Unterwegssein der Menschen prägt einen gewaltigen ökologischen Fußabtritt. Mehr muss man dazu nicht sagen.

Auswege aus der Öko-Falle

Aber das kann, nein: das darf in einer ›Kurzen Geschichte des Reisens‹ nicht das letzte Wort sein. Dafür steht schon der zivilisatorische Wert des Reisens ein, der die

Welt friedlicher und verständiger gemacht hat: Freundschaften überbrücken nationale Ländergrenzen. Erinnerungen an touristische Erlebnisse und Begegnungen brennen sich nicht nur stumm ins Individuum ein, sondern werden mit anderen geteilt und wehen wie Samen der Verständigung über die politische Welt. In jedem Reisen kann ein Humanismus aufblühen.

Gleichwohl: Das klingt besser, als es eigentlich ist. Denn es trägt die Nase hoch und unterscheidet das Richtige vom Falschen. Das normative Gewicht liegt dabei auf den höheren kulturellen Standards. Eine Skiwoche im Montafon hätte sie nicht, ein Städtetrip nach Jerusalem aber sehr wohl? Wer darf hier werten? Eine normative Heckenschere, mit der man das ›touristische Unkraut‹ herausschneidet, auf dass nur die ›völkerverbindenden‹ Nutzpflanzen gedeihen, – nein, das kann die Lösung nicht sein. Denn das führte zu einer sittlichen Diktatur. Und wollen wir eine Polizei, die über die Standards wacht? Die über ein Punktesystem unsere Reiseverläufe qualitativ bewertet und uns gegebenenfalls die Ausreise am Flughafen verweigert? Das gäbe eher Stoff für eine Satire! Zudem ist die ökologische Rechnung auch für die kulturell anspruchsvolle Reise nicht beglichen. Auch ein Museumsbesuch in der fernen Metropole tätigt Anleihen bei der Natur, nicht anders als der Spaß auf der Skipiste. Können wir Reisenden uns bei der Natur entschuldigen? Nachhaltig und kompensatorisch?

Atmosfair bietet den Reisenden eine solche Möglichkeit. Die anfallenden Emissionen kann man dort monetär ausgleichen und in ökologische Projekte reinvestieren. Für einen Hin- und Rückflug von Frankfurt ins andalusische Sevilla verbraucht ein Economy-Passagier mit etwa 850 kg CO_2 etwa ein Drittel seines jährlichen Budgets von zwei Tonnen, das ihm zusteht, um das Ziel einzuhalten, die Erderwärmung auf 2 Grad zu begrenzen. Eine Karbonsteuer ist derzeit im Gespräch, Schweden, Slowenien, Großbritannien, die Schweiz und die kanadische Provinz British Columbia praktizieren sie schon länger, Deutschland hinkt hier wie so oft hinterher. Die am Markt gehandelten Kompensationen wie auch die Karbonabgaben über den Emissionshandel veranschlagen für die Tonne CO_2 derzeit zwischen 10 und 20 Euro. Der realistische, alle Kosten abdeckende Preis wird auf 196–312 US-Dollar geschätzt. Das würde Flugkosten bis auf über 100% verteuern. Das ökologische Gewissen möchte aber nicht nur in Zahlen und Statistiken kramen. Denn da gibt es auch noch einen ideellen Wert, der kompensatorisch zu verbuchen wäre. Denn der hat eine kulturelle Reichweite, ja tatsächlich.

Die Geschichte des Reisens schreibt auch eine Geschichte des Lernens und Verstehens. Die Reisenden erleben in ihren Kulturbegegnungen die inspirierende Vielfalt der Lebensvollzüge, und dadurch erfahren und erkennen sie auch den eigenen kulturellen Ort im Zivilisationsgeschehen. Die Geschichte des Lernens und Verstehens beginnt demnach beim einzelnen Reisenden und sucht über den Weg durch das Fremde hindurch das Eigene wieder zu erreichen, durch den Weltgang nun bereichert. Die Geschichte des Lernens und Verstehens verläuft aber auch in umgekehrter Richtung. Der Bio-Bäcker im Himalaya-Vorgebirge, PVC-freie Zonen in Naturparks, Ocean Cleanups und andere Ökoprojekte entstehen auch aus touristischer Nachfrage heraus, und sie ziehen Kreise dort, wo sie eine neue Ökokultur etablieren. Und die verändert vor Ort den gesellschaftlichen Mainstream. Kürzlich erklärte sich der indische Bundessstaat Sikkim zum weltweit ersten Staat, in dem ausschließlich biologischer Anbau praktiziert wird – und verhängte empfindlichen Strafen für den Einsatz von Kunstdünger. Die Marke ›Sikkim Organic‹ gilt seitdem als Vorzeigeprodukt. Sie hat den Tourismus dort enorm befördert. In nur vier Jahren stiegen die Besucherzahlen um 40 %, bei den ausländischen Touristen um gar das Doppelte.

Wenn man sich nur ein wenig umschaut in den einschlägigen Journalen und auf den Nischen-Portalen alternativer Lebensart: Man wird angenehm überrascht sein von der Fülle an Projekten, die weltweit unterwegs sind. Ohne touristischen Treibstoff wären weder die Ideen noch deren Umsetzungen möglich geworden. Zugegeben: der Massentourismus stellt solches Potenzial kaum bereit. Das bloße Weg-Sein kreist ausschließlich um das Ego und entfaltet dort seine zerstörerischen Wirkkräfte. Und auch das Dort-Sein tätigt noch nicht die Veränderungen, die das schwere Herz entlasten könnten, die es angesichts der Emissionen-Fracht ergreift. Das Wir-Sein wäre hingegen ein neues Kapitel in der Geschichte des Reisens. Dort schrieben sich die touristischen Konzepte fort, die seit den antiken Tagen das zentrale Narrativ des Reisens ausmachten: Wissenserwerb, Persönlichkeitsbildung und kulturelles Verstehen. Überwölbt und ergänzt von der Verantwortung, die jedem Menschen im Zeitalter der Globalisierung zuwächst, nämlich ein planetarisches Wir zu buchstabieren.

Im Gespräch mit der Welt

Vom Wesen des Reisens

»Es gibt«, heißt es in dem alten hinduistischen Lehrbuch *Aitareya Brahmana*, »kein Glück für den Menschen, der nicht reist. Gott ist ein Freund der Reisenden. Also breche auf!« Das ist eine Verheißung. Oder ein Versprechen. Auf jeden Fall ein Wegweiser zu einem guten Leben: Reisen. Das klingt gut – und wirft sogleich eine Reihe von Fragen auf: Warum macht Reisen glücklich? Warum ist Gott ein Freund der Reisenden? Und überhaupt: Wer ist das eigentlich: der oder die Reisende? Und was ist das Reisen? Was ist sein Sinn, was ist sein Wesen? Fragen über Fragen. Fragen, die nicht einfach zu beantworten sind – aber doch beantwortet werden sollten, wenn wir denn wollen, dass das Reisen uns tatsächlich zum Glück gereichen wird.

Warum reist der Mensch? Warum macht er sich zum Reisenden? Will man Antworten auf diese Fragen finden, reicht es nicht, den Reisenden von außen zu betrachten. Die Geschichte seiner Reisetätigkeit, die wir im ersten Kapitel erzählt haben, bedarf der Ergänzung durch eine Geschichte des reisenden Menschen: eine Geschichte, die dem Inneren des Reisenden gewidmet ist, seiner Antriebe, seiner Erwartungen, seiner Haltungen, seiner Erfahrungen. Denn genauso wie sich die *Art des Reisens* über die Jahrhunderte beträchtlich änderte, so verwandelte sich mit den Zeiten auch das Subjekt dieser Reisen: Der Tourist der Gegenwart wäre im Mittelalter unvorstellbar gewesen. Und der mittelalterliche Kreuzfahrer hätte den antiken Griechen womöglich in Staunen versetzt. Reisende sind nicht gleich Reisende.

Pilger, Krieger, Händler

Blicken wir zurück in die Vergangenheit, stellen wir vielleicht mit Staunen fest, dass die Menschen immer schon auf Reisen waren. Sicher nicht so viele wie heute und auch nicht mit einer vergleichbaren Häufigkeit. Aber Reisende gab es. Nur tickten sie in früheren Jahrhunderten ganz anders als die heutigen Touristen. Nehmen wir als Beispiel die griechische Antike, die den Vorzug bietet, dass wir über sie vergleichsweise gut informiert sind und uns durch die vielen Schriftzeugnisse ein einigermaßen verlässliches Bild davon machen können, was sich in den Köpfen dieser Menschen zutrug. Warum brachen sie auf? Was veranlasste sie dazu, auf Reisen zu gehen? Und zwar auf Reisen, die deutlich gefährlicher, unbequemer und abenteuerlicher waren als heute.

Vor allem drei Motive dürften für antike Reisende ausschlaggebend gewesen sein: Religion, Krieg und Handel. Vielleicht kommt als viertes noch so etwas wie Abenteuerlust hinzu, wenn wir etwa an die Reise *Jasons* und der Argonauten denken, die sich dem Mythos zufolge aufmachten, um im fernen Kolchis das Goldene Vlies zu erbeuten. Aber solche Touren waren eher die Ausnahme. Die meisten Reisenden dürften in militärischer Mission unterwegs gewesen sein. Von den 1186 Schiffen, von denen *Homer* uns im *Schiffskatalog* im 2. Gesang der *Ilias* verrät, das sie knapp 100.000 griechische Krieger ans Gestade Trojas brachten, über die 11.000 Söldner, die sich im Jahre 404 v. Chr. im Gefolge des persischen Prinzen *Kyros* dem von *Xenophon* (ca. 430–355 v. Chr.) dokumentierten »Zug der 10.000« nach Osten anschlossen, bis zum beispiellosen Feldzug *Alexanders des Großen*, über den wir durch seinen Feldherrn *Nearchos* (360–310 v. Chr.) unterrichtet sind: Kriege und Schlachten dürften bei den Motiven antiker Reisender an erster Stelle gestanden haben – vermutlich dicht gefolgt von religiösen Motiven.

Der Typus des Pilgers ist nicht weniger alt als der des reisenden Kriegers. Entlegene Tempel von Göttern, heilige Stätten oder Wallfahrtsorte gab es auch in der Antike. Und die Zahl derer, die aufbrachen um dort an Ort und Stelle ihre Götter zu verehren, dürfte nicht gering gewesen sein. Vor allem wenn die großen religiösen Feste anstanden – etwa die Olympischen Spiele, die großen Dionysien zu Athen oder die Pythischen Spiele zu Delphi –, machten sich die alten Griechen auf die Reise, um den Wettkämpfen und Kultfeiern beizuwohnen. Doch nicht nur zu den großen Festspielen zog es die religiös motivierten Reisenden. Scharenweise strömten Pilger und Ratsuchende zu den großen Orakelstätten wie Delphi oder Dodona, um Weisung für ihr Leben zu erbitten. Andere machten sich auf den Weg zu den Heiligtümern auf Kos oder in Epidauros, wo sie sich Heilung von ihren Gebrechen versprachen. So oder so waren es die von ihnen verehrten Götter, die sie zum Aufbruch veranlassten.

Als dritten Archetypus des antiken Reisenden hatten wir den Kaufmann benannt. Auch er dürfte weit verbreitet gewesen sein – zu Lande ebenso wie zur See. Die Aussicht auf gute Geschäfte und wirtschaftlichen Erfolg hatte früh schon phönizische Kaufleute dazu gebracht, sich aufs Meer zu wagen. Die ionischen Griechen an der Ostküste der Ägäis folgten später ihrem Beispiel, und vor allem das aufstrebende Athen des 5. Jahrhunderts v. Chr. sandte seine Handelsschiffe quer durchs östliche Mittelmeer.

Händler, Pilger, Krieger und ein paar Abenteurer oder auch Entdecker: Das waren die Reisenden der Antike. Und ihnen allen ist eines gemein: Sie haben herzlich wenig mit denen zu tun, die heute vornehmlich auf Reisen gehen – mit Touristen. Von ihnen fehlt in der Antike jede Spur. Wirklich jede? Nicht ganz. Einige wenige gibt es doch. Denn wir wissen aus den alten Texten von einer

Spezies von Reisenden, die den heutigen Touristen wenigstens von ferne ähnlich sieht. Nennen wir sie probeweise *Bildungsreisende* – oder Philosophen. Denn als Freunde (*phíloi*) der Weisheit (*sophía*) pflegte man im alten Griechenland diejenigen zu bezeichnen, die in ferne Länder aufbrachen, um ihr Wissen zu erweitern, neue Erkenntnisse zu gewinnen oder unbekannte Horizonte zu erschließen. Von vielen antiken Meisterdenkern ist überliefert, dass sie ausgedehnte Reisen unternahmen, um Gelehrte, Priester oder Wissenschaftler anderer Länder und Kulturen kennenzulernen. *Pythagoras* (*ca. 570 v. Chr.) reiste vermutlich nach Ägypten und nach Babylon. *Xenophanes* (*ca. 580 v. Chr.) wanderte quer durch Griechenland, bevor er sich in Süditalien niederließ. *Platon* (*428 v. Chr.) reiste mehrfach nach Sizilien und vermutlich ebenfalls nach Ägypten. Besonders reiselustig war allem Anschein nach der Philosoph und Staatsmann *Solon von Athen* (*ca. 640 v. Chr.), der mehrfach Ägypten, Zypern und vor allem Lydien bereiste, wo er einen engen Umgang mit dem legendären König *Kroisus* pflegte.

Solon bei Kroisus

Von der Begegnung des Athener Reisenden und seines königlichen Gastgebers hat sich bei *Herodot* (*ca. 490 v. Chr.) eine Szene erhalten, die für unsere Frage nach Motiv und

Ziel antiker Reisender äußerst aufschlussreich ist. Herodot berichtet, Kroisus habe Solon wie folgt begrüßt: »Verschiedene Kunde ist zu uns gelangt über deine Weisheit (*sophíē*) und deine Reise. Man hat uns erzählt, du habest, weil dir an Weisheit liegt (*hōs philosophéōn*), viele Länder der Erde besucht, um des Schauens willen« (*theōríēs heíneken*). Was erfahren wir hier? Solon steht im Ruf, ein weiser oder jedenfalls weisheitsliebender, also philosophischer Mensch zu sein. Und diese seine Liebe zur Weisheit habe ihn dazu veranlasst, viele Länder der Erde aufzusuchen, um dort demjenigen nachzugehen, was auf Griechisch *theōría* heißt und zumeist mit *Schauen* übersetzt wird. Um etwas von der Welt zu *sehen*, so scheint es, hat der weisheitsliebende Solon seine Reisen angetreten – und genau dadurch unterscheide er sich, wie Herodot an anderer Stelle ausführt, von denjenigen Reisenden, die »um des Krieges oder um des Handels willen« unterwegs waren: ein Bildungsreisender und nicht ein Reisender in militärischer oder merkantiler Mission.

Aber was ist das für eine Art von Bildungsreise, die Solon vollzog? Um diese Frage beantworten zu können, müssen wir verstehen, was es mit der *theōría* auf sich hat, um derentwillen Solon aufgebrochen ist. *Theōría* ist ursprünglich eine religiöse Praxis. Sie ist religiös, sofern sie die *re-ligio* (lat.: Rück-Bindung) an das Göttliche vollzieht. Tatsächlich war die *theōría* der Kern eines Großteils der kultischen Feste – sei es bei den Mysterien in Eleusis, sei es bei den kultischen Handlungen im Theater, in dem die szenische Manifestation des Mythos zelebriert wurde. Von den griechischen Denkern wurde der Begriff der *theōría* aus der Sphäre der Religion später in die der philosophischen Lebenskunst übertragen. Von tragender Bedeutung ist er in der *Nikomachischen Ethik* des *Aristoteles* (384–322 v. Chr.), der die *theōría* als Königsweg zur vollendeten Form des menschlichen Daseins feiert: zur Glückseligkeit. Warum? Weil die *theōría* dem Ewigen und Göttlichen gilt: dem Sinn. Wer *theōría* betreibt, begnügt sich nicht mit der Oberfläche der Erscheinungen, sondern fragt in die Tiefe, nach dem Sein und Wesen dessen, was ihm da begegnet. Und darin findet die *theōría* ihr volles Genüge. Sie wird, sagt Aristoteles, allein »um ihrer selbst willen geliebt« und sei deshalb die vornehmste aller menschlichen Tätigkeiten und die »*vollendete Glückseligkeit des Menschen*«.

Nicht um Wissenserwerb oder Kenntnisreichtum ging es also Solon, sondern darum zu *verstehen*, was es mit dem Leben auf sich hat. Deshalb reiste er – und deshalb reisten andere Philosophen: Reisende im Dienste des Verstehens – Reisende auf der Suche nach dem Sinn des Lebens und der Welt. Anders war es bei den Römern, deren Reiselust sich in mancherlei Hinsicht als Vorläuferin des neuzeitlichen Tourismus beschreiben lässt. Von den philosophischen Bildungsreisen eines Solon oder Platon war zu deren großer Zeit nicht viel geblieben, doch eiferten die

Intellektuellen und Gebildeten der Kaiserzeit den alten Griechen nach und schickten ihre Söhne gern nach Hellas. So bildete sich an Hot-Spots wie Olympia, Athen oder Delphi eine erste touristische Infrastruktur. Zugleich entstand das neue Genre der Reiseliteratur, deren bedeutendster Repräsentant der aus Kleinasien stammende Autor *Pausanias* (*ca. 115–180) war, dem wir eine zehnbändige *Beschreibung Griechenlands* verdanken – ein Buch, das man den »griechischen Baedeker« genannt hat und mit dem in der Hand die Archäologen der ersten Stunde ihre Ausgrabungen planten.

Doch die Bildungsreise im römischen Stil war nicht jedermanns Sache. Einer ihrer schärfsten Kritiker war der Philosoph und Literat *Lucius Annaeus Seneca* (4 v. Chr. – 65 n. Chr.), der nicht nur in einem feurigen Brief seinen jungen Freund Lucilius eindringlich vor einer Reise warnte, sondern auch sonst dem Reisen nicht viel Gutes abgewinnen konnte: »Was kann an sich das Reisen einem nützen?«, schrieb er an Lucilius: »Es tut der Genusssucht keinen Einhalt, es zähmt nicht die Begierden, beschwichtigt nicht den Zorn, unterdrückt nicht die ungestümen Erregungen der Liebe, kurz entlastet unsere Seele nicht von ihren Übeln.« Das Zitat ist interessant, weil es deutlich macht, dass sich im Rom der Zeitenwende ein ganz anderes Verständnis von Bildung durchgesetzt hatte als dasjenige der griechischen Philosophen. Eine Reise wäre in Senecas Augen offenbar erlaubt und wünschenswert gewesen, hätte sie der moralischen Integrität des Reisenden nützlich zu sein versprochen. Bildung hat bei ihm den Charakter der ethischen Erziehung angenommen. Mit der griechischen *theōría* hat das nicht mehr viel zu tun. Das hatte eine bemerkenswerte und richtungsweisende Konsequenz. Denn mit seiner Antwort auf die Frage nach dem Sinn des Reisens rückte der Reisende als moralisches Wesen in den Fokus – während zu Solons oder Platons Zeiten der Sinn des Reisens noch gänzlich auf der Seite des Bereisten lag: der Welt, die dem Reisenden ihre Sinntiefen öffnen sollte und konnte.

Diese Verschiebung des Fokus von der Praxis des schauenden Reisens hin zum bildungsbedürftigen Subjekt der Reise bereitet dem radikalen Paradigmenwechsel in der philosophischen Reflexion auf das Reisen den Weg, der sich mit Beginn der Neuzeit zutragen sollte: Das Reisen verliert seine – wenn man so sagen kann – philosophische Selbstgenügsamkeit und wandelt sich zum Instrument der Persönlichkeitsbildung des Reisenden. Neuzeitlich Reisende – zumal wenn sie Touristen sind – reisen nicht mehr um des Reisens, sondern um ihrer selbst willen: nicht um der Welt willen, die von ihnen bereist und reisend ergründet wird, sondern um ihrer subjektiven Erfahrungen, ihres eigenen Genusses, ihrer eigenen Lebendigkeit willen. Diese Differenz zwischen dem antiken Reisenden und dem neuzeitlichen Reisenden lässt sich deutlich daran ablesen, dass antike Reiseberichte niemals von den Befindlichkeiten ihres Autors berichten, sondern sich darauf konzentrieren, die faktischen Umstände der Reise und die bereisten Orte zu beschreiben.

Petrarca am Mont Ventoux

Eine Selbstreflexion des Reisenden auf seine eigene Gemütslage und Stimmung findet man in der europäischen Reiseliteratur erst im 14. Jahrhundert, genauer bei *Francesco Petrarca* (1304–1374), von dessen Bericht über seine Besteigung des Mont Ventoux in der Provence bereits die Rede war. Es ist das Verdienst des Philosophen *Joachim Ritter* (1903–1974), die Bedeutung dieses Textes für die Genese einer gänzlich neuen Weltsicht herausgearbeitet zu haben, der Jahrhunderte nach Petrarca der Name *Ästhetik* oder *ästhetische Anschauung* verliehen wurde. Was es damit auf sich hat, kann man sich an der bei Petrarca bezeugten Ursprungsszene des Ästhetischen vor Augen führen.

Petrarca bestieg den Mont Ventoux am 26. April 1335. Er tat dies, seinen eigenen Worten zufolge, allein aus der »Begierde, die ungewöhnliche Höhe dieses Flecks Erde durch Augenschein kennenzulernen«. Es geht ihm also nicht um den Berg, sondern um die Aussicht, die er von dem Berg haben wird. Das unterscheidet ihn von den Hirten und Bauern, denen er unterwegs begegnet. Für sie ist der Berg der Raum, worin sich das Leben abspielt. Für Petrarca aber gibt es nicht Weiden und Äcker, sondern eine Landschaft, die er mit einer eigentümlichen Distanziertheit betrachtet. Seine Teilnahmslosigkeit rührt aus seinem eigentlichen Anliegen, ging es ihm doch darum, sich im »genießenden Anblick der großen Natur ringsum liebend Gott zu vergegenwärtigen«. Dieses Ansinnen erinnert von Ferne noch an die antike *theōría,* doch es kommt ganz anders: Zunächst steigt der Dichter langsam aufwärts, versunken in kontemplativ-frommen Gedanken ob der Erhabenheit der Natur um ihn. So gelangt er auf den Gipfel, und dort geschieht das Unerwartete. Aus dem Rucksack zieht er ein Büchlein, die *Confessionen* des *Augustinus*, und liest darin folgenden Satz: »Und es gehen die Menschen, zu bestaunen die Gipfel der Berge und die ungeheuren Fluten des Meeres und die weit dahinfließenden Ströme und den Saum des Ozeans und die Kreisbahnen der Gestirne, und haben nicht acht ihrer selbst«.

Dieser Satz schlägt ein wie ein Blitz. Petrarca fühlt sich ganz auf sich zurückgeworfen: »Ich war wie betäubt, (...) und schloss das Buch im Zorne mit mir selbst darüber, dass ich noch jetzt Irdisches bewunderte. Hätte ich doch schon zuvor (...) lernen müssen, dass nichts bewundernswert ist außer der Seele: Neben ihrer Größe ist nichts groß. Da beschied ich mich, genug von dem Berg gesehen zu haben, und wandte das innere Auge auf mich selbst«. Fort ist die Haltung der antiken *theōría*, die das Göttliche in der Tiefe der Phänomene erblickte. Fort ist auch die Neugier, den

Ausblick vom Gipfel zu genießen. Geblieben ist nur die Reflexion über die Unendlichkeit des eigenen Selbst angesichts der Größe der Natur. Geblieben ist die selbstbewusste Subjektivität des Reisenden am Mont Ventoux.

In dieser neuen, reflektierten Sicht auf die Wirklichkeit bricht sich die ästhetische Wahrnehmung Bahn. Für den ästhetischen Blick besteht die Lust an der sinnlichen Welt nicht länger darin, dass in ihr die göttliche Ordnung und Sinntiefe des Kosmos erscheinen, sondern die Lust verlagert sich in das betrachtende Subjekt, das den Kosmos zum Objekt macht und sich als Zuschauer aus ihm zurückzieht, um das, was an ihm einst als göttlich galt, nun in sich selbst zu finden. Was aber ist das für eine Lust? Es ist ja offenbar nicht die schlichte Lust am Schönen, an dessen Anblick sich das Auge erfreut. Es ist eine Lust, die sich einstellt, wo das Andere und Fremde aus sicherer Distanz gewahrt werden. Und wo dieses Andere und Fremde besonders spektakulär sind und das Subjekt in hohem Maße erregen, hat die Philosophie dieser ästhetischen Lust einen eigenen Namen gegeben: *Erhabenheit.*

Über das Erhabene hatte schon in der zweiten Hälfte des ersten Jahrhunderts der antike Literaturtheoretiker *Pseudo-Longinus* in seiner Schrift *Peri hypsous* (»Über das Erhabene«) nachgedacht. Im neuzeitlichen Denken taucht der Begriff genau zu der Zeit auf, in der sich der ästhetische Blick auf die Phänomene durchzusetzen beginnt: im 18. Jahrhundert. Seine erste bedeutende Interpretation erfährt er in *Edmund Burkes* (1729–1797) Schrift *A Philosophical Enquiry into the Origin of our Ideas of the Sublime and Beautiful* von 1757. Burke unterscheidet darin das Erhabene (*the sublime*) vom Schönen (*the beautiful*), indem er beiden ein je anderes korrespondierendes Gefühl zuweist: dem Erhabenen das »Entzücken« (*delight*), dem Schönen die Freude (*pleasure*). Das Entzücken stelle sich ein in der Mischung aus dem Erschrecken infolge einer Wahrnehmung des Übermächtigen und einem Gefühl der eigenen Sicherheit, durch das die anfängliche Erschütterung wieder aufgehoben wird.

Lukrez am Gestade des Meeres

Es gibt zwei archetypische Szenen, die erkennbar machen, was es mit der Erfahrung des Erhabenen als eines Archetypus ästhetischer Wahrnehmung auf sich hat. Nicht zufällig handelt es sich in beiden Fällen um Situationen, die etwas mit Reisen zu tun haben. Das erste Setting ist unter der Überschrift »Schiffbruch mit Zuschauer« in den philosophischen Diskurs eingegangen. Dies verdankt sich dem Philosophen *Hans Blumenberg (1920–1996)*, der in einem Essay eben dieses Titels die Geschichte jener – wie er es nennt – »Daseins-Metapher« rekonstruiert und dabei zeigt, wie das Szenario des vom sicheren Ufer aus einen Schiffbruch verfolgenden Beobachters im Laufe der Jahrhunderte einem dem jeweiligen Zeitgeist entsprechenden Bedeutungswandel unterzogen wurde.

Die Urszene findet sich bei dem römischen Autor *Lukrez*, (*ca. 99–55 v. Chr.) am Anfang des Zweiten Buches seines Lehrgedichts über die Natur: »Wonnevoll ist's bei wogender See, wenn der Sturm die Gewässer/Aufwühlt, ruhig vom Lande zu sehen, wie ein andrer sich abmüht, /Nicht als ob es uns freute, wenn jemand Leiden erduldet, /Sondern aus Wonnegefühl, dass man selber von Leiden befreit ist.« Was ist das aber für ein Wonnegefühl, von dem Lukrez hier spricht? Es ist ein Zustand unbeteiligter Betrachtung. Dabei ist er aber nicht – wie in der klassischen *theōría* – bei den Phänomenen, sondern allein bei sich. Es ist nicht mehr die kosmische Ordnung, die den Betrachter mit Wonne erfüllt, sondern sein Wissen darum, dass der Kosmos ihn nicht zu ängstigen braucht. Die Nuance scheint gering, aber sie ist bahnbrechend. Denn die Distanz, die den auf sicherem Boden stehenden Lukrez vom Schiffbruch trennt, ist nun zu der Distanz geworden, die ein sich seiner selbst bewusst gewordenes Subjekt von einer zum Objekt gewordenen Welt trennt. Lukrez freut sich nicht mehr an der kosmischen Harmonie der Phänomene, sondern an der Souveränität seines Wissens, die ihm das Gefühl verleiht, die Natur könne ihm nichts anhaben. Dieses Auseinandertreten von Subjekt und Objekt ist genau diejenige geistige Konfiguration, die dem ästhetischen Blick zugrunde liegt. Das sich seiner selbst gewisse

Subjekt lässt seinen Blick teilnahmslos über das ihm begegnende Objekt gleiten – wobei ihn dieses Objekt nicht wirklich angeht. *Denn wer die Welt ästhetisch betrachtet, ist mehr bei sich selbst als bei den Phänomenen.* Das bestätigt auch die zweite Urszene der ästhetischen Erfahrung des Erhabenen.

Gentlemen im Gebirge

Noch im 17. Jahrhundert galten die Alpen mit ihren vergletscherten Gipfeln und schroffen Felsen als scheußlich und gefährlich – ein lästiges Hindernis auf dem Wege nach Italien, vor allem für die englischen Aristokraten, die bei ihrer *Grand Tour* in den Süden nicht an ihnen vorbei kamen. So notierte der Schriftsteller *John Evelyn (1620–1706)*, nachdem er erfolgreich den Simplon-Pass überquert hatte, ihm sei, »als habe die Natur den irdischen Unrat in den Alpen aufgehäuft, um die lombardische Ebene von ihm zu befreien«. Doch nur wenige Jahre später änderte sich die Wahrnehmung der Alpen vollständig. 1671 überquerte der englische Theologe *Thomas Burnet* (1635–1715) das Gebirge und bemerkte in einem kurz darauf geschriebenen Brief: »Die größten Gegenstände der Natur sind es, so will mir scheinen, die man mit besonderem Wohlgefallen betrachtet, und jene grenzenlosen Regionen, wo die Sterne wohnen, es gibt wohl nichts, das ich mit größerem Vergnügen betrachte, als das weite Meer und die Gebirge dieser Welt.«

Hier sind wir dem Ursprung des Tourismus unserer Tage nahe. Und er liegt, das ist das Erstaunliche, in einer Sphäre, die vorderhand so gar nichts mit ihm zu tun zu haben scheint: in der Sphäre der Metaphysik bzw. der Reflexion auf eine der zentralen Kategorien der Metaphysik der damaligen Zeit: *Unendlichkeit* – ein Konzept, das sich dem Verstand und seiner Rationalität hartnäckig verweigert. Was die Sterne, das Meer und das Gebirge gemeinsam haben, ist ihre unermessliche Weite und Größe. Sie laden ein; aber nicht zur *theōría,* sondern zur Reflexion – zur Selbstbespiegelung. So schreibt Thomas Burnet, das Gebirge als »Erscheinungsform des Unendlichen« sei zwar »zu groß, als dass wir sie begreifen könnten«, doch erfülle sie unsere Seele, indem sie uns zugleich überfordere und »in eine Art angenehmer, bewundernder Betäubung« versetze. Der Literaturwissenschaftler *Hans von Trotha* kommentiert diese Passage in seinem Büchlein *Im Garten der Romantik* (2016) mit den Worten: »Der Anblick der Berge (mit ihnen auch der des Ozeans oder des Sternenhimmels) (...) wird in diesem Moment zum ästhetischen Erlebnis«. Denn der Blick auf die Welt wird zurückgelenkt auf das Erleben und Empfinden des Betrachters, der sich an der eigenen Subjektivität ergötzt, der er im Zustand der »angenehmen, bewundernden Betäubung« gewahr wird – oder des »delightful horrour« und »terrible joy«, wie der

Dramatiker *John Dennis* (1657–1734), ein anderer englischer Alpentourist der ersten Stunde, diese Empfindung nannte.

Hier sehen wir nun: Das Unendliche wird im *delightful horrour* und *terrible joy* des neuzeitlichen Reisenden handhabbar domestiziert, zumindest dann, wenn er sich auf sicherem Boden befindet und die Berge nicht hautnah zu spüren bekommt. »Die Alpen«, um nochmals von Trotha zu zitieren, »lehrten englische Frühaufklärer, wie man sich dem sinnlichen Eindruck des Unendlichen stellen konnte, ohne den Halt zu verlieren« – nämlich indem man ästhetische Distanz zum Gebirge aufbaute: es aus sicherer Entfernung anschaute und dann zum Spiegel der eigenen Seele umfunktionierte. So war es möglich, sich angesichts der schneebedeckten Gipfel seiner souveränen Subjektivität zu erfreuen, die sich angesichts des Erhabenen der Natur ihrer eigenen Größe gewahr werden konnte.

Kant und die drohenden Felsen

Für den deutschen Sprachraum klassisch dargestellt hat diese eigentümlich distanzierte, ästhetische Wahrnehmung der Naturgewalten kein Geringerer als *Immanuel Kant* (1724–1804). In seiner *Kritik der Urteilskraft* von 1790 findet man die wohl bedeutendste und wirkmächtigste philosophische Abhandlung über das Erhabene. Nicht zufällig entwickelt Kant diesen Begriff an den uns nunmehr vertrauten Szenen aus dem Hochgebirge und am Meeresufer: »Kühne überhangende gleichsam drohende Felsen, am Himmel sich auftürmende Donnerwolken, mit Blitzen und Krachen einherziehend, (...) Orkane mit ihrer zurückgelassenen Verwüstung, der grenzenlose Ozean in Empörung gesetzt, ein hoher Wasserfall eines mächtigen Flusses u.d.gl. machen unser Vermögen zu widerstehen, in Vergleichung mit ihrer Macht, zur unbedeutenden Kleinigkeit. Aber ihr Anblick wird nur um desto anziehender, je furchtbarer er ist, wenn wir uns nur in Sicherheit befinden; und wir nennen diese Gegenstände gern erhaben, weil sie die Seelenstärke über ihr gewöhnliches Mittelmaß erhöhen, und ein Vermögen zu widerstehen von ganz anderer Art in uns entdecken lassen, welches uns Mut macht, uns mit der scheinbaren Allgewalt der Natur messen zu können.«

Wieder das gleiche Motiv: Die Erfahrung des Erhabenen als Variante der distanzierten ästhetischen Wahrnehmung. Das die Welt betrachtende oder als Reisender durchquerende Subjekt sieht sich auf sich selbst zurückverwiesen und baut eine Distanz auf, die dem Überwältigenden oder Furchterregenden den Schrecken nimmt, ohne seinen Kitzel preiszugeben. Gleichzeitig – und das ist nun die besondere Pointe Kants – sieht das Subjekt sich in dieser Erfahrung des Unendlichen nicht nur von den erregenden Gefühlen des *delightful horrour* und *terrible joy* ergriffen, sondern vergewissert sich darin seiner moralischen Souveränität, die ihm bei aller Macht der unendlichen Natur doch das sichere Gefühl seiner geistigen Freiheit verleiht. So dachte der Aufklärer – und das ehrt ihn. Die Mentalitätsgeschichte der Moderne aber ging über ihn hinweg. Die ästhetische Distanz des autonomen Subjekts war nach Kant bald schon nicht mehr das Tor zur Erfahrung des »Sittengesetztes in mir«, das er so schätzte, sondern sie wurde zur Kluft, die den Einzelnen davor schützte und bewahrte, sich auf die zunehmend fremdere Welt einlassen zu müssen. So kommt es, dass eine Sichtweise, die mit den englischen Pionieren des Alpen-Tourismus im 17. und 18. Jahrhunderts aufgekommen war, über die Jahrhunderte zur geistigen Matrix des neuzeitlichen Reisens wurde: eines Reisens, bei dem der Reisende die von ihm bereiste Welt als Anstoß seines eigenen Fühlens und Erlebens nutzbar macht und sich in geschützter Distanz zu ihr hält: hinter der Panoramascheibe seiner souveränen Subjektivität, um es bildhaft zu sagen.

Dieses neue, touristische Reisen transformiert den bereisten Ort zum Gegenstand und Anlass eines *interesselosen Wohlgefallens,* um eine Formulierung zu verwenden, mit der Kant den Gemütszustand benannte, der einen ästhetisch wahrnehmenden Menschen dazu veranlasst, etwas schön zu finden; *interesselos*, weil das Schöne bzw. der bereiste Ort den Reisenden eigentlich nichts angeht. Er ist austauschbar, denn der Fokus des Touristen liegt letztlich bei seinem eigenen, angenehmen, erregten und intensivierten Empfinden. Es ist dem ästhetisch Reisenden gleichgültig, wo genau er sich gerade aufhält: solange ihn nur der Ort, an dem er sich befindet, in eine von ihm gewünschte Stimmung versetzt, ohne ihn dabei ernstlich zu berühren oder in Anspruch zu nehmen. So schreibt Kant im Paragraphen 2 seiner *Analytik des Schönen*: »Wenn mich jemand fragt, ob ich den Palast, den ich vor mir sehe, schön finde: so mag ich zwar sagen: ich liebe dergleichen Dinge nicht, die bloß für das Angaffen gemacht sind, (...) nur davon ist jetzt nicht die Rede. Man will nur wissen, ob die bloße Vorstellung des Gegenstandes in mir mit Wohlgefallen begleitet sei, so gleichgültig ich auch immer in Ansehung der Existenz des Gegenstandes dieser Vorstellung sein mag. Man sieht leicht, daß es auf dem, was ich aus dieser Vorstellung in mir selbst mache, nicht auf dem, worin ich von der Existenz des Gegenstandes abhänge, ankomme, um zu sagen, er sei schön.«

Damit ist es amtlich: Für den mit einem ästhetischen Blick ausgestatteten Touristen wird die bereiste Welt mit all ihren Palästen und sonstigen Sehenswürdigkeiten zum Gegenstand seines ästhetischen Genusses. Das ist der große Paradigmenwechsel, der sich in der Mentalitätsgeschichte des Reisens im 18. Jahrhundert zutrug. Die Reise wird zur *Sentimental Journey*, um den Titel eines der erfolgreichsten und für diese Reiseart maßgeblichen Reisebücher des 18. Jahrhunderts zu bemühen: *A Sentimental Jour-*

ney Through France and Italy von *Laurence Sterne* (1713–1768), erschienen 1768. Die sentimentale Reise führt fortan ins Innere des neuzeitlichen Subjekts, das sich auf der Reise selber fühlt und dabei einen Zuwachs an Lebendigkeit verspürt. Auf Reisen lebt man intensiver, zumindest solange wie sich *delightful horrour* und *terrible joy*, ein *interesseloses Wohlgefallen* oder das Gefühl überlegener Freiheit auch wirklich einstellen.

Humboldt am Staubbach

Doch da lag das Problem: Der gewünschte Effekt verpuffte rasch. Oder er stellte sich nicht ein. Ein bemerkenswertes literarisches Zeugnis der Enttäuschung ob der nicht erfüllten Erwartung eines Erhabenheitstouristen stammt aus der Feder von *Wilhelm von Humboldt (1767–1835)*, der im Jahre 1789 eine Reise in die Schweiz unternommen hatte. Eines seiner Ziele war der Staubbach – ein spektakulärer Wasserfall bei Lauterbrunn im Berner Oberland, den *Johann Wolfgang von Goethe* (1749–1832) Jahre zuvor in seinem *Gesang der Geister über Wassern* besungen hatte. Klar, dass bei einer solchen PR der Staubbach im späten 18. Jahrhundert zu den *100 Orten, die man gesehen haben muss* gehörte. Und ebenso klar, dass Humboldt – als Tourist der ersten Stunde – genau da hinmusste. Von den meisten heutigen Touristen unterscheidet ihn dabei jedoch, dass er sich die Enttäuschung eingestand, die ihn bei seinem Trip zum Staubbach überkam: »Ich wandte alle meine Kräfte an, meine Seele seinem Eindruck empfänglich zu machen. Aber ich musterte mich umsonst.« Nicht viel anders erging es wenige Jahre später *Friedrich Hegel* (1770–1831), der ebenfalls zum Staubbach pilgerte, um das Erhabene zu finden: In seinem *Bericht über eine Alpenwanderung* notierte er lakonisch: »Die Höhe der Felswand, von der er herabstürzt, hat allein etwas Großes, der Staubbach eigentlich nicht.« Etwas ist hier schiefgelaufen. Aber was?

Hans von Trotha hat die Hintergründe dieser frühen touristischen Ernüchterung aufgedeckt: »Echt im Sinne von ursprünglich und unmittelbar erlebt, war die Begeisterung für das Hochgebirge offenbar nur bei einigen wenigen Reisenden um die Wende vom 17. zum 18. Jahrhundert. *Seither wurde konventionell nachgereist, nacherlebt und nachgestaunt.* Da unterschied sich der Alpentourismus des 18. nicht wirklich von dem des 21. Jahrhunderts«.

Das ist gut gesehen und baut eine Brücke zum Tourismus der Gegenwart. Denn in der Tat ist das *Nach-Reisen* eines seiner markantesten Kennzeichen. Man reist heute vorzugsweise an Orte, an denen andere bereits waren. Man hat von ihnen gehört, sich im Internet informiert, zahlreiche Bilder angeschaut, womöglich die Hotels und Restaurants vorbestellt. Und selbst wer mit dem Wohnmobil »ins Blaue« reist, bewegt sich dabei auf schon längst gebauten Wegen oder Straßen und steuert die Regionen an, von denen er schon manches weiß und an die sich konkrete Erwartungen knüpfen. Und genau wie schon zu Humboldts oder Hegels Zeiten werden die Erwartungen nicht selten enttäuscht: weil man im Yosemite Valley eben nicht allein ist, weil das Everest Base Camp einer Müllhalde gleicht, weil an der Spanischen Treppe schon Tausende von anderen Touristen ihre Kameras gezückt haben und weil man sich auf der Rambla gegenseitig auf den Füßen steht… – um nur ein paar Beispiele zu nennen. Die *Sentimal Journey* der Vergangenheit funktioniert im Zeitalter des *Overtourism* nicht mehr.

Im 19. Jahrhundert geriet die Reise dann immer mehr zu einer Auszeit für den erschöpften Bürger als zu einer Expedition in die Untiefen des eigenen Gefühls. Die Erholung des Subjektes tritt neben seiner Selbstempfindung als zweiter großer Motivationsfaktor auf den Plan. Einer, der das früh bemerkte, war der Schriftsteller und Journalist *Theodor Fontane* (1819–1898). Ihm verdanken wir einen kleinen Text mit dem Titel *Modernes Reisen. Eine Plauderei* aus dem Jahr 1873, worin er feststellt: »Zu den Eigentümlichkeiten unserer Zeit gehört das Massenreisen. Sonst reisten bevorzugte Individuen, jetzt reist jeder und jede.« Aber warum? *Fontane* kennt die Antwort: »Der moderne Mensch, angestrengter wie er wird, bedarf auch größerer Erholung.« Eben diese erhoffe sich der moderne Massenreisende von seinem Urlaub. Doch auch hier wird die Hoffnung, wie Fontane anmerkt, meist enttäuscht: »Immer neue Hotelschlösser tauchen verheißungsvoll am Horizont auf, aber der Moment der Erreichung ist auch jedesmal ein Moment der Enttäuschung. Man findet Kühle, nicht Kühlung.«

Wie dem auch sei: Zum ästhetisch distanzierten Tourismus gesellt sich als zweite Reiseform im 19. Jahrhundert die Erholungs- oder Urlaubsreise. Beiden gemein ist der Fokus auf Subjektivität: Zuwachs an Lebendigkeit und intensiv gelebtem oder gefühltem Leben hier, Erholung von den Strapazen der modernen Arbeitswelt dort. Zwei Motive, die den Menschen nun auf ihre Art zum Aufbruch motivieren. Und wem das noch immer nicht genug war, konnte als fernes Echo auf die Bildungsreisen der Vergangenheit – ganz im Sinne Senecas – den moralischen Nutzen und Vorteil einer Reise in Anschlag bringen, wenn er über Sinn und Zweck des Reisens räsonierte. »Die tägliche Erfahrung lehrt«, notierte etwa der französische Politiker und Schriftsteller *François Pierre Guillaume Guizot* (1787–1874), »dass diejenigen, welche viel reisen, an Urteilskraft gewinnen; dass die Gewohnheit – fremde Völker, Sitten und Gebräuche zu beobachten, den Kreis ihrer Ideen erweitert und sie von manchen Vorurteilen befreit.« Und auch der Vielreisende *Mark Twain* (1835–1910) war sich sicher: »Reisen ist tödlich für Vorurteile.«

So lässt sich am Ende des 19. Jahrhunderts folgende mentale Gemengelange im Mindset der Reisenden beobachten: Die einen sehnen sich nach einem vitalisierenden

Kick und intensiven Gefühl ihrer eigenen Subjektivität, die anderen erhoffen sich Erholung und Regeneration, die dritten versprechen sich vom Reisen moralische und womöglich auch kognitive Bildung. Und wahrscheinlich findet sich von allem etwas in den Köpfen derer, die im späten 19. und frühen 20. Jahrhundert zu ihren Reisen aufbrachen.

Konsumenten beim Event

Diese mentale Disposition konnte schließlich denjenigen Typus des Reisenden hervorbringen, der heute zu einer weitverbreiteten, ja vielleicht sogar zu einer dominanten Gestalt geworden ist. Wir nennen ihn den *Konsumenten*, denn tatsächlich reist er mit der Haltung eines Menschen, der all das, was ihm begegnet, wie eine Ware konsumiert. Ja, die Reise selbst ist ihm zur Ware geworden: zum Konsumartikel, den er bei entsprechenden Anbietern erwerben und »verbrauchen« kann. Daraus ist im 20. und 21. Jahrhundert ein Milliarden-Business geworden – Tendenz steigend. Aber das nur deshalb, weil der Mindset der Reisenden seit dem 18. Jahrhundert für das Konsumgut Reise passgenau konvertiert wurde: zu ästhetisch wahrnehmenden Touristen, denen eigentlich gleichgültig ist, welche Orte sie bereisen, so sie sich nur in sicherer Behaglichkeit ihrer eigenen Subjektivität erfreuen können, ohne sich von dem, was sie bereisen, aus der Komfortzone locken, herausfordern, berühren, ansprechen oder befremden lassen zu müssen; zu ästhetisch wahrnehmenden Touristen, deren Sehnsucht nach intensiviertem Leben dabei aber immer unbefriedigt bleibt; und bleiben *muss*, damit noch auf der Heimfahrt die nächste Reise gebucht werden kann, und dann die nächste und so weiter.

Um dazu die nötigen Anreize zu schaffen, ist die Reiseindustrie schon früh auf ein probates Instrument gekommen: Das Konsumgut Reise wird zum *Event* deklariert: dem Lieblingsgegenstand eines ästhetisch formatierten neuzeitlichen Individuums. Events sind ihm deshalb willkommen, weil sie wirklich einen momentanen Zufluss an Lebendigkeit verheißen: den Thrill, den Kick, das große Gänsehautgefühl – ob beim Sportevent, beim Kulturevent oder beim Reiseevent, gleichviel. Hauptsache, der Alltag des Konsumenten wird für eine Zeitlang außer Kraft gesetzt und ein Raum für intensiv erlebte Subjektivität geöffnet. »Das Grundgesetz jeder richtigen Reise ist: es muss was los sein – und du musst etwas ›vorhaben‹. Sonst ist die Reise keine Reise«, ätzte schon *Kurt Tucholsky* (1890–1935) in seinem Artikel *Die Kunst, falsch zu reisen* von 1929. Und falls das nicht funktionieren sollte, empfiehlt er als *ultima ratio* für den Zuwachs an lebendigem Gefühl die einfache »Hauptregel jeder gesunden Reise: *Ärgere dich!*«

Ist die Reise aber nur erst zum Event geworden und der Reisende zum Konsumenten, ändert sich noch manches andere: Die Besichtigung mutiert zum *Sightseeing*, der Ausflug zum *Experience* oder gar zur *Challenge*, der Badesee wird zum *Erlebnisbad*. So funktioniert die Reiseindustrie, die Reisende zu Konsumenten macht und Reisen zu Konsumgütern. Das besondere, letztlich aber nie wirklich eintretende Erlebnis wird dem erlebnishungrig gemachten Subjekt in Aussicht gestellt, der ultimative Genuss dem genusssüchtigen Ästheten angepriesen. Erholung und Bildung werden in die zeitgemäß designte Reise in wohldosierten Mengen integriert, so dass am Ende ein Produkt herauskommt, das den Reisenden in genau dem Maße befriedigt, in dem er unbefriedigt genug bleibt, um als guter Konsument in Kürze wieder aufzubrechen. Und das Ganze funktioniert. Daran kann kein Zweifel sein. Die Reise hat sich zum perfekten Konsumgut gewandelt. Und das ist gut so. Zumindest aus der Perspektive der Reiseindustrie. Aber auch aus der Perspektive des Reisenden?

Man kann das bezweifeln. Und man hat es bezweifelt. Früh schon. *Christian Morgenstern* (1871–1914) beklagte schon vor mehr als hundert Jahren: »Vielen ist Reisen ein Ersatz für Leben. Es gibt oft nichts Schmerzlicheres, als solches zu erkennen.« Reisen als Ersatz fürs echte Leben – ist es das, was bei der langen Mentalitätsgeschichte der Reisenden herausgekommen ist, die wir von Solon bis zur Gegenwart an uns haben vorbeiziehen sehen? Und wenn es so wäre: Wie sollten wir uns dazu verhalten? Moralisch verwerflich ist es sicher nicht, wenn Menschen im Reisen ein Substitut des echten Lebens finden, das ihnen – aus welchen Gründen auch immer – sonst womöglich vorenthalten bleibt. Aber zugleich ist es doch schade, wenn auf diese Weise ganz viel Leben ungelebt bleibt: Wenn das Potenzial zu wirklicher, erfüllter Lebendigkeit ausgerechnet durch die extensive Reisetätigkeit des neuzeitlichen Subjektes und ästhetischen Konsumenten unentfaltet bleibt. Ja, es ist nicht nur schade, sondern – mit Morgenstern gesprochen – *schmerzlich* anzusehen, zumal da die zur Ware konvertierte Reise eben oft nicht mehr hält, was sich die Reisenden der Vergangenheit von ihr versprachen: kein wirklich nachhaltiger Kick an Lebendigkeit und schon gar keine wirkliche Sinnerfahrung. Tatsächlich besteht Grund zu der Vermutung, dass der heutige Reisekonsum die Reisenden in doppelter Weise betrügt: um eine erfüllte Lebendigkeit im Alltag, als deren Substitut ihnen die Reise in Aussicht gestellt wird; und um eine erfüllte Lebendigkeit auf Reisen, die irgendwo zwischen Event und Sightseeing verkümmert ist.

Sollte diese Diagnose zutreffen, dann können wir an diesem Punkte nicht umhin, zum Anfang dieses Kapitels zurückzukehren und die dort aufgeworfenen Fragen neuerlich in den Raum zu stellen: Was, in Gottes Namen, ist der Sinn des Reisens? Warum reist der Mensch – und wie ... wie reist er *richtig*: so, dass seine Reise sinnvoll ist und ihm das gewährt, was eine Reise einem Menschen schenken kann: wirkliches Leben. Wie sollte man reisen, wenn die Reise nicht allein in ferne Länder führt, sondern zu einem sinnvollen und echten Leben? Eine vorläufige Antwort findet man bei dem Philosophen *Martin Buber* (1878–1965): »Alles wirkliche Leben ist Begegnung.« Angewandt auf unser Thema wird daraus die These, die es nunmehr zu begründen gilt: *Alles wirkliche Reisen ist Begegnung*. Was heißt das?

Martin Buber und sein Du

In seinem Meisterwerk *Ich und Du* von 1923 unterscheidet Martin Buber zwei unterschiedliche Grundhaltungen, in denen sich Menschen verhalten: zu sich, zu anderen und zur Welt im Ganzen. Er nannte sie: *Ich–Du* und *Ich–Es*. Damit wollte er sagen: Wir können uns zu uns und zur Welt *als zu einem Es* verhalten. Oder wir können uns zu uns und zur Welt *als zu einem Du* verhalten. Eine dritte Option gibt es nicht, wie ja auch unsere Sprache nur drei Möglichkeiten des Gebrauchs von Verben zulässt: 1. Person, 2. Person, 3. Person. Entweder wir reden von uns selbst, dann verwenden wir ein Verb in der ersten Person: »Ich gehe.« Oder wir reden über andere, und dann müssen wir uns entscheiden, ob wir uns *direkt* zu ihnen verhalten und sie unmittelbar ansprechen: »Du gehst«; oder ob wir *über* sie reden und dabei die dritte Person verwenden: »Er, sie, es geht«. Entweder Du oder Er, Sie, Es – *tertium non datur*.

Was macht nun den Unterschied zwischen diesen beiden einzig möglichen Spielarten des Weltbezugs aus: Ich-Du und Ich-Es?

Wo der Mensch einem anderen *als* einem *Es* begegnet, bleibt er ganz bei sich: bei seinem Ich. Als Ich des Ich-Es *hat* er etwas. Er verhält sich zum anderen im Modus des Habens (oder Haben-Wollens). Der, die oder das andere gerät ihm dabei zu einem *Gegenstand*; der nicht so sehr durch sein eigentümliches Wesen und sein individuelles Sein definiert ist, sondern nur dadurch, dass er sich von anderen Gegenständen unterscheidet. In Bubers Worten: »Es ist nur dadurch, dass es an andere grenzt.« Der Es-Gegenstand ist so gesehen immer ein Etwas *unter anderen*. Das bedeutet aber, dass er gerade nicht in seinem eigensten und eigentümlichen Sein oder *Wesen* wahrgenommen oder wertgeschätzt wird. Die Beziehung von Ich zu Es ist so gesehen *unwesentlich*.

Anders ist es, wo der Mensch einem anderen *als* seinem *Du* begegnet. Er handelt dann aus seinem eigenen Wesen, *ist* wesentlich, und behandelt den anderen wesentlich. Er *steht* dann nicht nur in einer Beziehung, sondern *ist* in Beziehung, ist *wesentlich* Beziehung. Auf diese Weise gewahrt ein Mensch einen anderen Menschen in dessen unverwechselbarem So-Sein als eine einmalige Person. Das heißt: Wo der Mensch einem anderem als seinem Du begegnet, ist er ganz beim anderen und sieht die Welt im Licht des anderen. Er stellt sich in dieses Licht: in das Licht der Begegnung. Der andere ist nun kein unpersönlicher *Gegenstand*, sondern ein persönliches *Gegenüber*. Alle Aufmerksamkeit ist bei ihm als einem einmaligen und individuellen Wesen. Diese Aufmerksamkeit kommt aus der eigenen Person und sie gilt dem Wesen bzw. der Person des Anderen. Deshalb ist diese Beziehung persönlich und wesentlich. In ihr erfüllt sich das Wesen der Beziehung: sie ist personale *Begegnung*.

Was Martin Buber über die personale Begegnung von Mensch zu Mensch sagt, lässt sich ebenso auf das Verhältnis des Menschen zur Welt im Ganzen anwenden. Buber selbst tut das, wenn er in *Ich und Du* davon spricht, dass einem Menschen Bäume ebenso wie Kunstwerke, Natur oder Kultur zu einem Du werden können: zu einem Gegenüber, das ihn als Person – persönlich – etwas angeht und zu sagen hat. Etwa so, wie es dem Dichter *Rainer Maria Rilke* (1875–1926) ging, als er sich im Louvre von dem Torso eines archaischen Apollon so sehr angesprochen fühlte, dass er angesichts seiner die Worte vernahm: »Du musst dein Leben ändern.« Worauf es Buber also ankommt, ist, dass der Mensch sich auf eine Weise zur Welt verhalten kann, bei der er zulässt, dass die Welt ihn etwas angeht, ihn berührt, vielleicht sogar in Frage stellt. »Leben heißt angeredet werden«, hat er an anderer Stelle notiert (*Zwiesprache*) und zugleich festgestellt: »Jeder von uns steckt in einem Panzer, den wir bald vor Gewöhnung nicht mehr spüren. Nur Augenblicke gibt es, die ihn durchdringen und die Seele zur Empfänglichkeit aufrühren. Und wenn sich dergleichen uns angetan hat und wir dann aufmerken und uns fragen: ›Was hat sich denn da Besonderes ereignet? Wars nicht von der Art, wie es mir alle Tage begegnet?‹, so dürfen wir uns erwidern: ›Freilich, nichts Besondres, so ist es alle Tage, nur wir sind alle Tage nicht da.‹«

Nun wird erkennbar, was es mit der Weise des Weltgewahrens für unser Thema auf sich hat, die Buber Ich-Du nannte: Sie zeichnet sich dadurch aus, dass das Ich, dem auf Reisen die Welt als Du begegnet, empfänglich dafür ist, dass die Welt ihm etwas sagen will; dass er nicht nur physisch, sondern ebenso auch geistig oder seelisch *aufbricht*: seine Sehgewohnheiten und Konventionen zurücksetzt und sich durchlässig hält für Fremdes oder Unbekanntes. Wer so reist, ist bereit zur Konversation, zum Gespräch, zum Dialog mit der Welt. Denn er weiß: »Was mir widerfährt ist Anrede an mich. Als das, was mir widerfährt, ist das Weltgeschehen Anrede an mich.« Und als derjenige, der von der Welt gemeint ist und der davon ausgeht, dass die Welt ihm etwas zu sagen hat, geht es ihm darum, herauszufinden, was es ist, das ihm die Welt da sagen will. Er fragt nach dem Sinn – und gleicht darin dem Reisenden vom Schlage eines Solon oder Platon, deren Grundhaltung der *theōria* uns nunmehr als das fragende und verstehen-wollenden Sich-einlassen auf die Welt geläufig ist. Der vorneuzeitlich Reisende, so lässt sich nun mit Bubers Hilfe sagen, reiste in der Haltung des Ich-Du.

Die Welt war ihm ein Du, mit dem er ins Gespräch vertieft war. Er lauschte ihrem Zu- und Anspruch, und er sah seine Verantwortung darin, dem, was die Welt ihm ständig Neues sagte, Rede und Antwort zu stehen. Er befolgte gleichsam *ante diem* das, was später der Essayist *Ralph Waldo Emerson* (1803–1882) allen Reisenden ins Stammbuch schrieb: »Nicht in die Ferne, in die Tiefe sollst du reisen.«

Eben das aber tut nicht, wer sich – im Sinne Bubers – ausschließlich im Modus des Ich-Es zur Welt verhält. Er schreibt: »Man sagt, der Mensch erfahre seine Welt.« – Wir werfen ein: Geht er nicht seinem neuzeitlichen Selbstverständnis nach genau deshalb auf Reisen? – und Buber weiter: »Was heißt das?« Seine Antwort: »Der Mensch befährt die Fläche der Dinge und erfährt sie. Er holt sich aus ihnen ein Wissen um ihre Beschaffenheit, eine Erfahrung. Er erfährt, was an den Dingen ist.« Und an anderer Stelle ergänzt er: »Der Erfahrende hat keinen Anteil an der Welt. Die Erfahrung ist ja ›in ihm‹ und nicht zwischen ihm und der Welt.«

Liest man diese Worte und lässt sie auf sich wirken, wird sogleich erkennbar, dass die Welterfahrung dessen, dem die Welt als Es erscheint, derjenigen entspricht, die wir als ästhetische Wahrnehmung kennengelernt haben. Es ist eine distanzierte, oberflächliche Weise, sich zur Welt zu verhalten: ein interesseloses Wohlgefallen, bei dem das Subjekt ganz bei sich bleibt und sich an seiner Erfahrung nebst allen zugehörigen Gefühlen und Gänsehautmomenten ergötzt. Wer die Welt als sein Es erfährt, erfährt sie oberflächlich – bleibt an der Fläche der Dinge, ohne sich auf sie einzulassen – weil er letztlich in seiner sicheren Komfortzone verbleibt: Schiffbruch mit Zuschauer: Man sitzt im geheizten Kino im bequemen Sessel und genießt es, dem Untergang der Titanic in Echtzeit beizuwohnen – um das klassische Motiv des Lukrez in die Gegenwart zu übertragen.

Der Witz bei alledem aber ist, dass die ästhetische Wahrnehmung das wahrnehmende Subjekt nichts angeht. So sehr sie an der Oberfläche der Erscheinung bleibt, so rasch prallen deren Eindrücke an der Oberfläche des Konsumenten – an seiner Benutzeroberfläche ab. Wer so reist, reist gewiss nicht in die Tiefe, sondern bescheidet sich damit, die Fläche der Welt zu befahren. Und dies ist möglich, weil die ästhetisch reisenden Touristen der Gegenwart verinnerlicht haben, wie sie verhindern können, von der Welt, die sie bereisen, gefordert zu werden: Sie halten sich hinter dem Geländer, hinter der Panoramascheibe, hinter der Reling. Buber schreibt: »Indem ich es sterilisiere, es von Anrede entkeime, kann ich das, was mir widerfährt, als einen Teil des mich nicht meinenden Weltgeschehens fassen. Das zusammenhängende, sterilisierte System, in das sich all dies nur einzufügen braucht, ist das Titanenwerk der Menschheit.« Und da es nun einmal errichtet ist, geschieht uns fortwährend das Folgende: »Die Ätherwellen brausen immer, aber wir haben zumeist unseren Empfänger abgestellt.«

Genau das könnte auf Reisen anders sein. Der Ortswechsel, das veränderte Klima, die neuen Eindrücke: All dies könnte eine Einladung sein, den inneren Hebel umzulegen und auf Empfang zu schalten. Doch geschieht es nicht. Es geschieht nicht, weil wir modernen Touristen uns oft in der ästhetischen Komfortzone eingerichtet und unser interesseloses Wohlgefallen am Konsumgut Reise perfektioniert haben. Es ist erstaunlich, wie früh dieses Verhalten bei Reisenden schon diagnostiziert wurde. So findet man in den Aufzeichnungen der *Charlotte von Kalb* (1761–1843), einer Aristokratin, die mit Friedrich Schiller *und* Friedrich Hölderlin befreundet war, die bemerkenswerte, sehr modern anmutenden Beobachtung: »Manche Leute reisen, um Neues zu sehen; aber sie sehen das Neue leider immer mit alten Augen.« Genauso ist es. Wer sich ästhetisch-konsumierend als Tourist zur Welt verhält, kann noch so viele Meere und Länder befahren: er wird dabei doch immer derselbe bleiben, der er war, als er sich aufmachte. Er wird keine neuen Potenziale seiner Seele entfalten, keine neuen Wege einschlagen, nicht wie Rilke den Zuspruch vernehmen: »Du musst dein Leben ändern!«

Auch ist dem konsumierenden Touristen die Reise keine Bildungsreise mehr: nicht im Sinne der *Sentimental Journey* zur Erhabenheit, nicht im Sinne der moralischen Reife zu Vorurteilsfreiheit, Toleranz und souveräner Weltgewandtheit – und erst recht nicht im Sinne der sinnerschließenden antiken *theōria*. Bildung kennt der Reisekonsument ausschließlich noch als *Information*, die ihm der Reiseleiter – ob leibhaftig oder gedruckt, analog oder digital, gleichviel – angedeihen lässt. Aber was ihm so zuteil wird, ist im besten Falle ein Zuwachs an Wissen und Kenntnis, nicht aber ein inneres Wachstum der Persönlichkeit. Buber sagte: »Der Mensch wird am Du zum Ich«. Das gilt auch vom Du des Reisenden: all dem, was ihm begegnet und zu dem er aufbricht – wirklich aufbricht, indem er sich ihm öffnet und für Neues, Anderes empfänglich ist.

An der Welt, sofern er zu ihr aufbricht und sich für sie öffnet, auf sie hört und sich etwas von ihr sagen lässt, formen sich Geist und Seele eines Ich-Du-Reisenden zur Größe der Persönlichkeit. Das ist möglich, weil er die Komfortzone des ästhetischen Genießens *verlässt* und sich stattdessen *einlässt* auf die Welt, die er bereist – die ihm ein Du ist und von der er sich berühren lässt. Mit seinem *Aufbruch* hat er die Konsumentenhaltung preisgegeben und macht sich die Welt nicht länger für die Befriedigung seiner eigenen Bedürfnisse nutzbar. Es verzichtet darauf, als Reisender ständig seine Ansprüche gegenüber anderen geltend zu machen, sondern stellt sich unter den Anspruch dessen und derer, die ihm begegnen. Eine solche Reise führt *nicht* zum eigenen Selbst, wie spirituelle Lehrerinnen oder Lehrer zuweilen predigen und dabei unausgesprochen voraussetzen, dieses Selbst wäre immer schon da, nur eben noch nicht erreicht. Nein, eine solche Reise führt zunächst zu einem anderen und fremden Gegenüber, im Gespräch mit dem sich das Selbst allererst formt. Eine solche Reise ist weder eine Ware noch ein Event, sondern ein *Gespräch* und ein *Fest*: Wer mit der Haltung des *Ich-Du* die Welt bereist, praktiziert nicht länger einen ästhetisch-konsumierenden Tourismus, sondern eine dialogische Reisekunst. Sie gilt es nun noch zu bedenken.

Nietzsche im Oberengadin

Einer der großen Reisenden des 19. Jahrhunderts war *Friedrich Nietzsche* (1844–1900). Auffällig an seinen Reisereflexionen ist, dass sie erkennbar machen, in welchem Maße er die Orte, an denen er sich befand, als Partner einer Konversation betrachtete. Vorzüglich gilt das von Sils-Maria, wo er im Sommer 1883 festhielt: »Dieses Engadin ist die Geburtsstätte meines Zarathustra.« Wie das zu verstehen ist, hat er später in einem poetischen Stück verdichtet, das den Titel »Sils Maria« trägt. Es lautet:

Hier sass ich, wartend, wartend, – doch auf Nichts,
Jenseits von Gut und Böse, bald des Lichts
Geniessend, bald des Schattens, ganz nur Spiel,
Ganz See, ganz Mittag, ganz Zeit ohne Ziel.
Da, plötzlich, Freundin! wurde Eins zu Zwei –
Und Zarathustra gieng an mir vorbei ...

Dieses Gedicht ist aufschlussreich, weil es etwas von Nietzsches Ethos des Reisens verrät: Der Denker wartet – und zwar auf *nichts*. Er ist einfach nur empfänglich, offen, *aufgebrochen* für dasjenige, was der Ort, an dem er sich befindet, ihm zu sagen hat. Er lässt sich ein auf die Umgebung, und sie antwortet, indem sie ihm einen Einfall schenkt – ihn inspiriert, wie man auch sagen könnte. Es ist mit anderen Worten ein Gespräch mit dem Ort, eine Konversation mit der Welt, von der Nietzsches Gedicht zeugt; und zwar eine äußerst fruchtbare, öffnende Konversation, die er unmittelbar nach dem Ereignis am See, am 14. August 1881, wie folgt beschrieb: »Die Augustsonne ist über uns, das Jahr läuft davon, es wird stiller und friedlicher in den Bergen und in den Wäldern. An meinem Horizonte sind Gedanken aufgestiegen, dergleichen ich noch nicht gesehen habe – ...« Der räumliche und der geistige Horizont, so könnte man diese Zeilen kommentieren, verschmelzen vor dem Auge des Reisenden. Der neue Horizont der Oberengadiner Seenplatte weitet Nietzsches Geist und lässt ihn *aufbrechen* – zu einem neuen, radikal neuen Denken.

Das ist sicher ein extremes Beispiel, aber es bereitet uns gut darauf vor, Nietzsches Gedanken über das Wechselspiel von Mensch und Ort zu fassen, die er in seinem *Ecce Homo* niederschrieb: »Man stelle sich die Orte zusammen, wo es geistreiche Menschen gibt und gab, wo Witz, Raffinement, Bosheit zum Glück gehörten, wo das Genie fast notwendig sich heimisch machte: sie haben alle eine ausgezeichnet trockne Luft. Paris, die Provence, Florenz, Jerusalem, Athen – diese Namen beweisen etwas: das Genie ist bedingt durch trockne Luft, durch reinen Himmel – das heißt durch rapiden Stoffwechsel, durch die Möglichkeit, große, selbst ungeheure Mengen Kraft sich immer wieder zuzuführen.«

Ob man Nietzsches Eloge auf den Süden folgen will, sei jedem und jeder selbst überlassen. Worauf es ankommt, ist etwas anderes: Der Ort, so sollte hier erkennbar werden, ist für den achtsamen und bewusst Reisenden vom Schlage eines Nietzsches mehr als das »Wo« seines Aufenthaltes: Er ist ein lebendiges, sprechendes Gegenüber, das dem Reisenden etwas zu sagen hat, und auf das Antworten zu geben ihn selbst bereichert und ihn geistig wachsen lässt. So zu reisen – im lebendigen Gespräch und in einem nicht nur physiologischen, sondern auch geistigen Stoffwechsel mit der Welt, die man bereist – ist für Nietzsche die eigentliche Meisterschaft des Reisens. Sie zu erreichen, heißt das Beste aus einer Reise zu machen.

FRAGILE
EIN NEUANFANG
HOPE

Aufbruch zur Gelassenheit

Die Meisterschaft des Reisens

Gibt es beim Reisen ein ›besser‹ oder ›schlechter‹? Gibt es ›gute‹ Reisen, gibt es ›schlechte‹ Reisen? Wer will das entscheiden? Und nach welchen Kriterien? Gilt nicht auch von Reisenden, dass sie Reisende sind – und weiter nichts? Normen zu ermitteln, die ein Urteil über Reisende und Reisen rechtfertigen würden, ist auf Anhieb alles andere als einfach. Zumal dann, wenn man sich davor scheut, moralische Kodizes zur Hand zu nehmen und Reisende nach deren Maßgabe zu beurteilen; oder auch davor, sie nach Maßgabe der herrschenden Political Correctness einzustufen. Täte man solches, wäre man schnell dabei, die Öko-Bilanz zum Maß aller Reisenden zu machen, oder ihr Gender-Verhalten. Sicher ist das alles möglich und auch nicht unberechtigt. Aber darum geht es nicht, wenn wir in diesem Kapitel das *Ethos des Reisens* bzw. der Reisenden in Augenschein nehmen. Dabei geht es darum, Kriterien zu ermitteln, an denen Maß nehmen kann, wer es in der Kunst des Reisens zur Meisterschaft bringen will. Denn so wie es beim Handwerk oder in der bildenden Kunst Menschen gibt, die ihre Sache ganz besonders gut können und deshalb »Meister« genannt zu werden verdienen, gibt es auch beim Reisen eine Meisterschaft, die auszuüben oder zu beherrschen einen Reisenden zu einem guten bzw. meisterlich Reisenden qualifiziert. Damit ist nicht gesagt, dass Menschen, die hinter dieser Meisterschaft zurückbleiben, irgendwie minderwertig, schlecht oder gar böse wären. Ganz und gar nicht. Nur sind sie eben *als* Reisende – sofern es die Kunst des Reisens betrifft – weniger kompetent als andere. Genauso wie ein Geiger, dem es an der Virtuosität einer Anne-Sophie Mutter gebricht, deshalb kein schlechter oder böser Mensch ist – nur eben einer, der es in der Kunst des Geigens nicht so weit gebracht hat wie die meisterhafte Virtuosin.

Virtuosen sind dabei nicht zwangsläufig Solisten. Die virtuose Geigerin kann ihre Meisterschaft auch dann zur Geltung bringen, wenn sie im Orchester spielt. Ebenso verhält es sich auch mit der Meisterschaft des Reisens. Man findet sie nicht nur, wo Menschen alleine auf Reisen sind. Im Orchester einer kommerziellen Reisegesellschaft kann die Meisterschaft des Reisens ebenso erblühen wie auf der Solo-Reise eines ausgemachten Individualisten. Manchmal sogar besser, da die Reisegesellschaft einen Resonanzraum bietet, der dem, was eine

Reise ist, noch mehr Intensität und Kraft verleiht: dem Gespräch mit der Welt.

Tugenden und Werte

Wenn wir nach dem Ethos des Reisens fragen, werden wir also nichts anderes zum Maß von gut und richtig machen, als das, was eine Reise idealerweise sein kann: dann nämlich, wenn sie das Potenzial, das im Reisen steckt, zur Gänze entfaltet hat; wenn sie – um ein altes Wort zu verwenden, das hier aber gut passt – *taugt*. Vom dem Verbum *taugen* rührt das Nomen *Tugend* her. Tugenden sind die Qualitäten, die das- oder derjenige aufweist, dem man mit Grund *Tauglichkeit* bescheinigen kann. Eine taugliche Reise – eine Reise, die taugt – wird folglich eine Reise sein, bei der die spezifischen Tugenden des Reisens verwirklicht sind. Und deshalb wird man nach den Tugenden des Reisens fragen, wenn man wissen möchte, was eine gute Reise gegenüber einer weniger guten Reise auszeichnet bzw. wenn man in Erfahrung bringen möchte, was zu tun ist oder in welcher Haltung man sich üben sollte, wenn es einem darum geht, es in der Kunst des Reisens zur Meisterschaft zu bringen: ein wirklich guter Reisender zu sein.

Worin also liegt die Meisterschaft des Reisens? Was sind diese Tugenden des Reisens? Eine mögliche Antwort verdanken wir *Friedrich Nietzsche*. Im II. Band von *Menschliches, Allzumenschliches* findet man im Paragraphen 228 unter der Überschrift »Reisende und ihre Grade« eine erstaunliche Sicht auf die unterschiedlichen Haltungen, mit denen Reisende die Welt bereisen können:

»Unter den Reisenden unterscheide man nach fünf Graden: die des ersten niedrigsten Grades sind solche, welche reisen und dabei gesehen *werden* – sie werden eigentlich gereist und sind gleichsam blind; die nächsten sehen wirklich selber in die Welt; die dritten erleben etwas infolge des Sehens; die vierten leben das Erlebte in sich hinein und tragen es mit sich fort; endlich gibt es einige Menschen der höchsten Kraft, welche alles Gesehene, nachdem es erlebt und eingelebt worden ist, endlich auch notwendig wieder aus sich herausleben müssen, in Handlungen und Werken, sobald sie nach Hause zurückgekehrt sind.«

Wenn wir Nietzsche folgen, finden wir die Meisterschaft des Reisens allein bei denen, die den fünften Grad der Reisekunst erreicht haben. Das ist dann der Fall, wenn jemand die vier vorherigen Sprossen genommen hat: von der Welt gesehen worden ist, selbst die Welt gesehen, gefühlt und sich anverwandelt hat – und dann mit dem, was ihm bei seiner Reise widerfahren ist, eigenständig etwas anfängt. Reisen, sagten wir, ist ein intensives Gespräch mit der Welt. Und wie ein Gespräch, so gelingt eine Reise auch nur dann, wenn man wahrnimmt, was der oder das Andere einem zu sagen hat; und es nicht nur wahrnimmt, sondern sich von ihm auch angehen lässt, sich seiner annimmt und sich von ihm berühren lässt. Ein Gespräch taugt nur dann zu einem guten Gespräch, wenn die Gesprächspartner bereit sind, sich je unter den Anspruch des anderen zu stellen und sich nicht darauf zu versteifen, nur eigene Ansprüche gegenüber dem Anderen geltend zu machen. Wer nur bei sich bleibt, taugt nicht zu einem guten Gespräch. Genauso bei der Reise: Wer immer nur Ansprüche an die Reise stellt – an das Reiseland, die Reisegruppe, den Reiseführer, die Reiseziele etc. –, taugt nicht zu einer guten Reise. Reisetauglich ist er erst, wenn er bereit ist, wahrzunehmen, was das Reiseland oder das Reiseziel ihm sagt oder zu sagen hat. So zu reisen bedeutet in einem tieferen Sinne *anspruchsvoll* reisen: voller *Ansprüche*, weil alles dem Reisenden *ansprechend* erscheint. Und so zu reisen ist die Grundlage dafür, Nietzsches fünften Grad der Reisekunst zu verwirklichen, indem man Antwort gibt auf das, was man auf seiner Reise ansprechend gefunden hat.

Und noch etwas: In dem *Antwortgeben* auf den An- und Zuspruch, der auf Reisen an den Reisenden ergeht, liegt die ihm eigentümliche *Verantwortung*. Wer seine Reise als Gespräch oder Konversation mit der Welt begreift, wird daher gar nicht darum herumkommen, verantwortungsbewusst zu reisen: im Bewusstsein, dass alles, was ihm auf Reisen begegnet, eine Antwort verdient;

und zwar eine gute Antwort, die nicht allein aus Worten besteht, sondern auch aus Taten.

Hier wird deutlich, dass es gleichsam im Wesen des Reisens als einer dialogischen Praxis des Gesprächs liegt, dass Reisende – die *als* Reisende etwas taugen – verantwortungsvoll sind. Denn wer so reist, dass ihm Reiseländer und Reiseziele nicht gleichgültige Waren sind, die man mit interesselosem Wohlgefallen konsumieren darf, sondern wem das Reiseland und Reiseziel ein Du sind, das ihn etwas angeht, der wird immer Antwort geben und darin seiner Verantwortung genügen. Er wird nicht ästhetisch imprägniert in der Komfortzone des Touristenbusses die Welt an sich abperlen lassen, sondern sie hören, wahrnehmen und auf sie Antwort geben.

Die Frage ist nur *wie*. Die Antwort darauf ist dasjenige, was wir hier als Ethos des Reisens beschreiben wollen: das Ethos der *Gelassenheit*: des Sich-angehen-*Lassens*, des Sich-*Einlassens* auf das Andere und Fremde, des Geschehen-*Lassens*, des *Loslassens* und des Sich-Zeit-*Lassens*. Schauen wir uns das genauer an. Was hat es mit der Tugend des sich Sich-angehen-Lassens auf sich?

Sich angehen lassen

Am Anfang ist das Staunen. So hatte es schon Platon im Blick auf die Philosophie behauptet, und so gilt es auch für die Kunst des Reisens. Auch sie beginnt mit dem Staunen – dem Staunen ob der Dinge dieser Welt und der Menschen, denen man begegnet. Staunen ist die Haltung, mit der dem Anderen zu begegnen unserem Antworten eine gute Richtung weist: die Richtung zu ihm hin und von uns weg. Nichts nämlich steht dem Sich-angehen-Lassen mehr im Wege als die eigenen Erwartungshaltungen, Sehgewohnheiten, Denkmuster und Vorurteile – und vor allem der eigene *Wille*. Wer in der Begegnung mit der Welt nur hört und sieht, was er gern hören oder sehen *will*, wird bei allen Reisen, die er tut, am Ende doch nur auf der Stelle treten.

Das Wunderbare einer Reise ist, dass sie es dem Reisenden erlaubt, die Welt eben nicht bloß so zu sehen, wie er sie gerne sehen will, sondern noch einmal mit den Augen eines Kindes: in allem ein Du zu erkennen, das einem etwas sagen kann. Ein Beispiel dafür finden wir in den Reiseaufzeichnungen des italienischen Filmregisseurs und Schriftstellers *Pier Paolo Pasolini* (1922–1975). Er war ein Vielreisender, immer auf der Suche nach dem ›Anderswo‹, der Gegenwelt zu dem, was er aus seiner Heimat kannte. Eine seiner Reisen führte ihn im Jahre 1960 nach Indien. In seinem Reisebuch *Der Atem Indiens* berichtet er: »Es ist beinahe Mitternacht, im ›Taj Mahal‹ herrscht die Stimmung eines Marktes, der zu Ende geht. (...) Man sollte nicht, oh, man sollte keineswegs schlafen gehen, es ist nicht die richtige Zeit, sich in eines dieser schlafsaalgroßen Zimmer voller Möbel im Stile eines traurigen, verspäteten *fin de siècle* und mit helikopterhaften Ventilatoren zurückziehen. Das sind meine ersten Stunden in Indien, und ich kann die durstende Bestie, die wie in einem Käfig in mir sitzt, nicht zähmen.« Es ist eine schöne Szene, die jeder Reisende nachfühlen kann: Die erste Nacht in einem fremden Land: diese aus kindlicher Neugier, Erregung und Festtagslaune gemischte Stimmung, die tief in einem brodelt und mit Macht ihr Recht einfordert. Deshalb spricht Pasolini wohl von einer ›hungrigen Bestie‹. Wie dem auch sei: Diese gehobene Stimmung rebelliert gegen die nüchterne Vernunft mit ihren Konventionen: Jetzt ist nicht die Zeit zu schlafen. Jetzt muss man hinaus in jene fremde Welt, von der man ahnt oder wenigstens hofft, dass sie einen erstaunen lassen wird. Genauso kommt es. Pasolini bewegt seinen Reisegefährten zu »einem kurzen Gang vors Hotel, um ein wenig Luft von der ersten indischen Nacht zu atmen«. Dabei vernimmt er unter dem nahegelegenen »Gate of India« einen Gesang. »Als ob zum ersten Mal auf der Welt jemand singe, so scheint es mir, der ich doch das Leben eines anderen Kontinents wie ein anderes Leben empfinde, ohne Verbindungen zu dem mir bekannten Leben, quasi autonom und anderen inneren Gesetzen gehorchend, jungfräulich. Dieses Lauschen auf den Gesang der indischen Jungen von Bombay unter dem ›Indischen Tor‹ scheint mir eine verschworene und ungreifbare Bedeutung zu besitzen – eine Offenbarung, eine Verwandlung des Lebens.«

Was Pasolini hier beschreibt, ist was einem Reisenden widerfährt, wenn er zulässt, dass die Welt, die ihm begegnet, ihm zu einem Du wird. Es ist die Haltung eines neugierigen Gesprächspartners, der sich auf das Andere und Fremde seines Gegenübers einlässt und es zulässt, sich von ihm angehen zu lassen. Und so geschieht das Wunderbare, das Fest: »Als ob zum ersten Mal auf der Welt jemand singe« vernimmt der Reisende den fremdartigen Gesang, in »jungfräulicher« Ursprünglichkeit liegt die Welt vor ihm. Er ist wirklich *aufgebrochen* – nicht nur, sofern er das Luxushotel hinter sich gelassen hat, sondern sofern er mit seinen konventionellen Seh- und Denkgewohnheiten *gebrochen* hat, um sich dem Andersartigen hinzugeben. Die Folge dessen ist bemerkenswert: »eine Offenbarung, eine Verwandlung des Lebens« – eine innere Transformation, die präzis darin gründet, dass dem Autor das Lauschen des Gesangs »eine verschworene und ungreifbare Bedeutung zu besitzen« scheint. Das Lied der Jungen sagt ihm etwas, auch wenn er nicht sagen kann, was es genau ist. Doch gerade deshalb lädt es ein, sich tiefer in es zu versenken, ihm nachzusinnen, um den Sinn zu fassen, der sich ihm in dieser Stunde offenbart.

Pasolini ist nicht mehr der antike Reisende, der philosophisch nach dem Sinn des Lebens fragt. Dafür ist er als

Kind der Moderne viel zu sehr bei sich. Und doch ist er auch nicht ein ästhetischer Tourist oder ein frühneuzeitlich Reisender auf seiner *Sentimental Journey*, dem es nicht um Indien, sondern um seine eigenen Gefühle ginge; und am allerwenigsten gleicht er dem konsumierenden Kreuzfahrer der Gegenwart, der teilnahmslos »die Fläche der Dinge befährt« und sie als Habe auf seinem Reisekonto oder im Fotoalbum verbucht. Nein, er ist einer, der das Gespräch mit Indien sucht, um etwas zu verstehen oder zu entdecken. Er bringt sich selber in das Gespräch ein – doch nicht, um seine Ansprüche gegenüber Indien geltend zu machen (und seine Erwartungen erfüllt zu sehen), sondern um sich von Indien in Anspruch nehmen zu lassen: in Gestalt eines Liedes, das – sinniger Weise – unter dem ›Tor Indiens‹ erklingt. Darin erweist er sich als ein *Reisender fünften Grades* im Sinne Nietzsches: als einer, der sich auf die Welt da draußen einlässt, um mit ihr etwas anzufangen, sich zu bilden, den eigenen Horizont zu weiten, tiefer ins Mysterium des Lebens einzudringen und vom Reichtum der Lebendigkeit zu kosten. So zu reisen ist verantwortlich, weil dem Reisenden dasjenige, was ihm unterwegs begegnet, so wichtig und vielsagend ist, dass er nicht umhinkommt, mit seinem ganzen Tun und Lassen zu einer Antwort zu *werden*, die er zuvor nicht war: eine »Verwandlung des Lebens«.

Sich treiben lassen

Die Verwandlung des Lebens erfordert das Ethos der empfänglichen Gelassenheit bzw. des Sich-ansprechen-Lassens. Ebenso erforderlich aber ist das Ethos des Geschehen-Lassens, ja, des Sich-gehen- bzw. Sich-treiben-Lassens. In einem kurzen Stück zum Thema »Richtig reisen« hat *Kurt Tucholsky* es charmant beschrieben: »Entwirf deinen Reiseplan im Großen – und laß dich im Einzelnen von der bunten Stunde treiben«, empfiehlt er. Und weiter: »Die größte Sehenswürdigkeit, die es gibt, ist die Welt – sieh sie dir an. Niemand hat heute ein so vollkommenes Weltbild, daß er alles verstehen und würdigen kann: hab den Mut, zu sagen, daß du von einer Sache nichts verstehst. Nimm die kleinen Schwierigkeiten der Reise nicht so wichtig; bleibst du einmal auf einer Zwischenstation sitzen, dann freu dich, daß du am Leben bist, sieh dir die Hühner an und die ernsthaften Ziegen, und mach einen kleinen Schwatz mit dem Mann im Zigarrenladen. Entspanne dich. Laß das Steuer los. Trudele durch die Welt. Sie ist so schön: gib dich ihr hin, und sie wird sich dir geben.«

Hingabe an die Schönheit der Welt – die Formulierung gibt zu erkennen, dass sich der Zauber des Reisens denen enthüllt, die sich auf ihre eigentümliche Erotik einzulassen wissen. Das Wort *Erotik* freilich neigt dazu, missverstanden zu werden. Deshalb sei eine kurzer Exkurs erlaubt: Eros, so muss man wissen, ist ursprünglich eine griechische Gottheit oder wenigstens eine göttliche Kraft im Leben des Menschen: die leidenschaftliche Begeisterung der Verliebtheit, die Menschen dann erfüllt, wenn sie vom Schönen ergriffen sind. Des Eros Kommen setzt voraus, dass man zur Hingabe bereit und fähig ist. Wer sich nicht hinauswagt aus der Selbstbezüglichkeit, wird sich schwerlich je verlieben. Und es wird ihm auch dann nicht vergönnt sein, wenn er seine ganze Willenskraft darauf lenkt, die Liebesleidenschaft des Eros in sein Leben zu zerren. Denn die liebende Begeisterung des Eros entzieht sich aller Machbarkeit. Eros kommt, wann er möchte. Wer ihn zwingen will, vertreibt ihn mit Gewissheit.

Reisende, die sich der Reise hingeben und offenbleiben für die Schönheiten, die sich ihm bieten, sind im Sinne der alten Griechen Erotikerinnen und Erotiker. Sie sind empfänglich für die Berührung der Welt. Sie haben den Mut, sich von ihr anziehen und hinreißen zu lassen: sich gehen und das Wunder der Begeisterung geschehen zu lassen. Und wenn sie sich den unschuldigen, ziellosen Blick des Kindes bewahrt haben, dann werden sie im Fremden ungeahnte Schönheiten gewahren, von denen sie daheim nichts wussten. Reisende, die sich von dem, was ihnen begegnet, als ihrem Du ansprechen, ja, *anmachen* lassen – Reisende, die den Eros in sich lodern lassen – sind auf dem Weg zu Sinn und Glück. Nicht, weil sie am

Ende ihrer Reise einen Ort namens *Glück* oder *Sinn* erreichten, sondern weil sie sich auf ein hingebungsvolles Gespräch mit der Welt einlassen, in dem sich ein Raum öffnet, worin sich Sinn und Schönheit offenbaren.

Sich berühren, anmachen oder angehen lassen aber ist schwierig, wenn man sich in der Komfortzone des bequemen Reisens häuslich eingerichtet hat. Der Wink des Schönen, der auf jeder Reise wartet, prallt gar zu leicht an den Linsen der Kameras und Smartphones ab – der Ruf des Ansprechenden dringt nicht mehr durch zu unseren Ohren, wenn sie erst mit den Infos aus dem Audioguide oder den gut gemeinten Erklärungen des Touristguide gefüllt sind. Deshalb darf man das totale Glück oder die Erfüllung des Reisens von den landläufigen Reiseprodukten der Reiseindustrie kaum erwarten. Wer sich eine Reise wünscht, die wirklich taugt, kommt nicht drum herum, die Tugenden des Reisens zu erlernen: vom Ethos des Sich-angehen-Lassens war bereits die Rede. Vom Ethos des Geschehen-Lassens auch. Nun verdient auch noch das Ethos des Loslassens unsere Aufmerksamkeit.

Gewohntes loslassen

Von ihm weiß einer der großen Reise-Autoren unserer Gegenwart: *Ilija Trojanow* (*1965). Bei ihm kann in die Schule gehen, wer die Tugenden des Reisens zu erlernen begehrt. In einem Artikel aus dem Jahre 2002 wirft er exakt die Frage auf, die auch uns beschäftigt: »Was unterscheidet unsere unergiebige Rastlosigkeit von einer Reise, die Menschen verändert?« Hier kommt seine Antwort: »alleine reisen, ohne Gepäck, zu Fuß, hinter der Fassade des Offensichtlichen«. Warum? Weil sich Reisende auf diese Weise am besten hingeben können; weil sie ohne Begleitung, ohne Gepäck und ohne Eile empfänglich werden für all das Ansprechende, was ihnen unterwegs begegnen will.

»Nur wer alleine reist, setzt sich völlig aus: einer unbekannten Welt, einer unverständlichen Sprache«, begründet Trojanow den ersten seiner Vorschläge. Denn: »Alleine ist man beständig wach und aufmerksam, biegsam und zugleich angespannt wie eine Bogensehne.« Wer je alleine reiste, weiß, wie wahr das ist. Wer nie alleine reiste, seufzt womöglich, wenn er diese Worte liest. Doch sollte man sie nicht zu kategorisch nehmen. Gewiss: Allein zu reisen ist die Königsdisziplin; doch kann man das, worauf es dabei ankommt, ebenso erfahren, wenn man bei Gruppenreisen oder beim Familienurlaub den Mut aufbringt, sich einmal für ein Stündchen unabhängig zu machen und auf eigene Faust einen Stadtbummel zu wagen. Sogleich bekommt die Zeit mehr Dichte, und die Wahrnehmung wird klarer. Festtagsstimmung: Das Gespräch beginnt. Und wenn man nur einmal allein in einer Bar sitzt und über den Espresso hinweg empfänglich wird für das, was da draußen vor sich geht. Das Sich-gehen-Lassen ins – zeitweilige – Alleinsein ist eine Tugend des Reisenden, für die er reich belohnt wird: Er hat die Chance, ins Gespräch mit dem zu kommen, was da ist.

So gesehen kann man Trojanows zweite Empfehlung zum Loslassen akzeptieren, auch wenn sie noch radikaler daherkommt: ohne Gepäck reisen. Das ist verstörend und auf Anhieb ziemlich unrealistisch, wenn man nur an die Kofferungetüme denkt, die in endlosen Kreisbahnen auf den Gepäckbändern unserer Flughäfen rotieren. Kein Gepäck auf Reisen scheint jedenfalls komplett unmöglich – und trotzdem ist es ein Ideal, an dem Maß nehmen sollte, wer gut reisen möchte. Denn an jedem mitgebrachten Gepäckstück haftet etwas von der Identität des Reisenden, das ihn daran hindert, die Fremde zu sich sprechen zu lassen: »Im Gepäck befinden sich nicht nur die materiellen Garanten der Bequemlichkeit und Vertrautheit, sondern auch das eigene System von oft unerschütterlichen Paradigmen, von Annahmen, Vorurteilen und Erwartungen. Genau das, was man beim Reisen in Gefahr bringen sollte.« Deshalb *leichtes* Gepäck (wie Trojanow seinen eigenen Vorschlag mäßigt): um »irgendwann einmal seine Sorge, seine Befangenheit« abzulegen.

Darüber hinaus nötigt leichtes Gepäck bereits zu einem achtsamen und sorgfältigen Packen. Was brauche ich wirklich? Oder besser: Was verlangt das Reiseland von mir? So herum nämlich wird ein Schuh daraus. Denn das, was das Ich für seine Bequemlichkeit braucht, ist oft nicht das, was dem Reiseland gemäß ist. Auf letzterem aber liegt die Priorität. Je mehr von dem vermeintlich Wichtigen daheimbleibt, desto besser. Denn was wichtig ist, kann und wird sich auf der Reise wandeln. Deshalb ist es gut, sich auf die Reise sorgsam vorzubereiten und einzustimmen: nicht indem man fixe Pläne schmiedet, sondern sich genau fragt, was wirklich ins Gepäck gehört.

Sich Zeit lassen

Reisezeiten sind besondere Zeiten – Festzeiten, auf die man sich vorbereitet und zu denen man sich rüstet. Damit schafft man die Voraussetzung, die Reisezeit zu einer erfüllten und geglückten Zeit werden zu lassen. Dafür braucht es einen Wandel von Lebenstakt und -rhythmus. Es ist eine bekannte Gefahr, dass man die letzten Tage vor der Reise unter Hochdruck und mit Höchstgeschwindigkeit zubringt, diesen Schwung mit auf die Reise nimmt und sich dann extrem schwer damit tut, ›runterzufahren‹ oder ›abzuschalten‹. Das aber tut not, wenn die Reise wirklich eine Reise sein soll. Dazu hilft die Tugend der Entschleunigung – das Ethos des Sich-Zeit-Lassens.

Die Erkenntnis ist nicht neu. Schon der Philosoph *Jean Jacques Rousseau* (1712–1778) war überzeugt: »Wer ans Ziel kommen will, kann mit der Postkutsche fahren, aber wer richtig reisen will, soll zu Fuß gehen.« Und der englische Schriftsteller und Maler *John Ruskin* (1819–1900) spöttelte im 19. Jahrhundert: »Eine Fahrt mit der Eisenbahn kann ich beim besten Willen nicht als Reise bezeichnen. Man wird ja lediglich von einem Ort zum anderen befördert und unterscheidet sich damit nur sehr wenig von einem Paket.« Und da aller guten Dinge drei sind, darf auch hier nicht Goethe fehlen, der nach seiner Lektüre der Schilderung einer Eisenbahnreise von Liverpool nach Manchester dem Bayernkönig *Ludwig I.* gegenüber seine Bedenken bezüglich der Erfindung der Eisenbahn zum Ausdruck brachte: »Einer eingepackten Ware gleich schießt der Mensch durch die schönste Landschaft. Länder lernt er keine mehr kennen. Der Duft der Pflaume ist weg.«

Die solches schrieben, waren durchaus keine ewiggestrigen Nostalgiker, sondern zukunftszugewandte Vordenker ihrer Zeit. Sie waren keine Technikhasser und keine Fortschrittsverweigerer – aber sie waren erfahrene Reisende, die »den Duft der Pflaume« noch zu schätzen wussten und von der Sorge bewegt waren, das mobile Reisen der Neuzeit werde der Intensität der Begegnung von Reisendem und Welt abträglich sein. Dass diese Sorge begründet war, meint auch Ilija Trojanow.

Er schreibt: »Die rasanten Fortbewegungsmittel fressen den Horizont auf.« Die Festtagsstimmung der Reise könne so nicht mehr aufkommen. »Anstatt Triumph verspürt der Reisende Ermattung. Entfernung wird in Stunden gemessen, in Jetlags wahrgenommen. Weit entfernt sind wir von der berühmt gewordenen Gewohnheit mancher Naturvölker, eine Rast einzulegen, damit die Seele nachkommen kann.«

Gewiss klingt so etwas altmodisch. Unter den Bedingungen einer flächendeckenden Ökonomisierung des Lebens ist Zeit Geld – und Geld muss effizient genutzt bzw. wo immer möglich gespart werden. Langsamkeit wird so zum Luxusgut – und langsam Reisen zu einer unerschwinglichen Ware, die dem gewöhnlichen Touristen des Konsumzeitalters vorenthalten bleibt. Liest man heute die Berichte von Schiffsreisenden des 19. Jahrhunderts fühlt man sich in eine andere Welt zurückversetzt – etwa durch die Aufzeichnungen der Missionarsgattin *Pauline Moschütz*, die sich am 13. November 1866 in London einschiffte, um am 24. Januar 1867 im südafrikanischen Natal von Bord zu gehen. Einen Monat nach Beginn ihrer Reise notierte sie in ihr Reisetagbuch: »Die Windstille trat in der Nacht ein, währte zum Glück nur bis gegen Abend. Es war drückend heiß, regnete fast immer, so dass wir in der Cabine wie in einem Kasten eingesperrt waren, da die Fenster des Regens wegen zu sein mussten. Gegen Abend wurden wir wieder aus unserem

Gefängnis befreit, wir waren froh, wieder frische Luft schöpfen zu können. Höchst gemütlich geht es auf unserem Schiff zu. Die vornehmen Herren gingen barfuß mit aufgestreiften Beinkleidern auf dem Verdeck spazieren.«

Das alles ist heute nicht mehr zu haben. Der Preis für erschwingliche Fernreisen ist die geschrumpfte Reisezeit, die aus der Reise eine physische Verfrachtung von A nach B gemacht hat. Gerade deshalb aber scheint es umso dringlicher, die Qualität von Reisen dadurch aufzuwerten, dass man wenigstens am Reiseziel oder im Reiseland einen Gang oder besser noch drei Gänge runterschaltet, entschleunigt und in der Gegenwart ankommt: denn die Begegnung mit dem Reiseland findet nur dann statt, wenn man innehält und wahrnimmt, was da draußen in der Welt geschieht: Pausen einlegen, nicht alle Zeit verplanen, niemals nur eine Nacht in einem Hotel – das sind nur ein paar Maßnahmen, die es auch dem zeitgenössischen Touristen erlauben, dem Ethos des Sich-Zeit-Lassens zu folgen. Gruppenreisende können zudem den Resonanzraum ihrer Gruppe nutzen, um im abendlichen Gespräch das untertags erlebte noch einmal Revue passieren zu lassen und dadurch den Fluss der Zeit zu verlangsamen bzw. zu verdichten. Und natürlich dürfen wir die intelligenteste aller Entschleunigungsstrategien nicht vergessen: das Reisetagebuch. Die Verdoppelung der Wahrnehmung durch ihre Verschriftlichung führt unweigerlich zu einer Steigerung der Intensität. Durch den Filter der Schrift verdichtet sich, was die Welt dem Reisenden zu sagen hatte – eine Verinnerlichung dessen, was im Äußeren begegnete. Auch das klingt im Zeitalter von Smartphones und Videos antiquiert; ist aber genau das Gegenteil: eine zukunftsweisende Praxis, gerade weil sie die Verwurzelung im Hier und Jetzt ermöglicht, von der aus das Leben in die Zukunft wachsen kann. Alles nur fotografieren, speichern und in den Untiefen einer Festplatte dem Vergessen anheimgeben, heißt, die Reichtümer einer Reise fahrlässig verschleudern – oder von vornherein darauf verzichten, in irgendeine Konversation mit der bereisten Welt zu treten.

Deshalb ist auch die Nacharbeit in den Wochen nach einer Reise so wichtig: das Einkleben der Reiseerinnerungen oder Fotos in ein schönes Album, das Erzählen im Freundeskreis – selbst der berüchtigte Dia-Abend war ein kulturelles Format, das dem kurzlebigen und gedankenlosen Reisekonsum getriebener Gegenwartstouristen auf heilsame Weise Einhalt gebieten konnte. Der Ungeist des »Aus den Augen aus dem Sinn« ist durch die digitalen Medien unserer Zeit zu einer flächendeckenden Pathologie geraten, die Reisende oft um das Beste ihrer Reise bringt: die Er*innerung* – die immer auch eine Ver*innerlichung* ist, die Menschen wachsen, reifen und gedeihen lässt. Wer ohne Erinnerung von einer Reise zurückkehrt, muss sich den Vorwurf gefallen lassen, womöglich schnell, dafür aber auch flach gereist zu sein. Aber warum? Am Ende doch nur, um dem kategorischen Imperativ der Reise-Industrie zu folgen, der da lautet: Du sollst schnell reisen, um möglichst viel reisen zu können...

Sich einlassen

Das Sich-einlassen ist mehr als Sich-angehen-Lassen. Es ist die Konsequenz daraus: Erst lässt man sich von dem, was ist, angehen – dann lässt man sich darauf ein. Damit beginnt die Konversation, das Gespräch. *Hans-Georg Gadamer* (1900–2002), der zu den großen weisen Männern des 20. Jahrhunderts zählte, sagte einmal dazu passend: »Auf alles zu hören, was uns etwas sagt, und es uns gesagt sein zu lassen, darin liegt der hohe Anspruch, der an jeden Menschen gestellt ist.« Für unser Thema können wir das Wort variieren, indem wir sagen: »Uns von allem angehen lassen, was uns begegnet; und uns auf es einlassen, darin liegt der hohe Anspruch, dem zu genügen die Meisterschaft des Reisenden auszeichnet.« Das bedeutet allem voran, die Welt und die Menschen, die uns auf Reisen begegnen, in ihrer Andersheit wahr- und ernst zu nehmen – ja, gerade ihre Andersheit als den eigentlichen Schatz zu betrachten, den sie uns zu bieten haben. So gilt für alle, die die Meisterschaft des Reisens erlernen wollen, noch ein anderes Wort Gadamers: »Wir müssen den Anderen und das Andere achten lernen«.

Sich einlassen auf das Andere und die Anderen, um in der Begegnung mit ihm bzw. ihnen eine eigene Identität zu formen und die eigenen Potenziale zur Entfaltung zu bringen: Diese dialogische Dynamik lässt nicht nur Gespräche zwischen Menschen gelingen, sondern auch Reisen. Ja, Reisen sind die perfekte Gelegenheit, sich in dieser Dynamik zu üben, bieten sie doch naturgemäß ein großes Arsenal an Andersheit, die Reisende begeistern oder inspirieren könnte. Entscheidend ist nur, sich auf das Andere wirklich einzulassen – gerade und vor allem da, wo es befremdet oder ob seiner Andersheit anstößig erscheint. Denn wo wir uns am Anderen stoßen, birgt es das größte Potenzial, Entwicklungen anzustoßen, die uns Menschen wirklich weiterbringen.

Das Sich-Einlassen auf den oder das Andere in seiner Andersheit verlangt die Tugend des Respektes. Das Wort *Respekt* leitet sich her vom Lateinischen *respectio*, was so viel bedeutet wie: *Rückschau*. Das verrät etwas über das Wesen des Respekts: Wer Anderen gegenüber respektvoll auftritt, schaut zweimal hin. Er oder sie begnügt sich nicht mit einer flüchtigen Wahrnehmung, sondern sieht im anderen dessen Besonderheit. Wer Andere oder Anderes respektiert, verliert sich nicht an das Bild, das er von ihm schon mitbringt, sondern schaut tiefer und lässt sein Bild für das transparent werden, was hinter ihm steht: das Eigentümliche des Anderen. Respekt ist deshalb immer Respekt vor der Individualität und Besonderheit eines Gegenübers. Das heißt: Respektvoll Reisende scheuen nicht die Begegnung mit dem Anderen oder Fremden. Sie lassen sich nicht dadurch beirren, was man schon gehört hat oder was andere denken, sondern macht sich die Mühe, selbst hinzuschauen.

Das heißt nicht, dass ein respektvoller Umgang darin bestünde, zu allem »Ja und Amen« zu sagen. Man muss nicht alles gut finden, was einem auf Reisen begegnet – man kann und darf sich auch an ihm reiben oder darüber aufregen. Entscheidend ist nur, sich wirklich auf es einzulassen und mit ihm umzugehen; denn nur, wo das geschieht, wird eine Reise ihre ganze Pracht und ihren ganzen Zauber zur Entfaltung bringen. Und das gilt auch dann, wenn angesichts dessen, was einem begegnet, Widerstand in einem keimt, wenn sich das Gewissen empört oder einen gar der Ekel packt. Auch da noch schlummert für den anspruchsvoll und verantwortlich Reisenden eine neue und womöglich wichtige Erkenntnis.

Wie aber werde ich als Reisender der Andersheit des Anderen wirklich gewahr? Wie gelingt es, den Filter der eigenen Vormeinungen und Denkgewohnheiten aufzubrechen, um von meinen eigenen Erwartungen und Sichtweisen loszukommen und das Andere als Anderes zu respektieren? Welche Brücke führt über die Kluft zum Fremdartigen oder auch Befremdlichen?

»Man macht keine Erfahrung ohne die Aktivität des Fragens«, sagt Hans-Georg Gadamer und macht damit einen Punkt, der für die Meisterschaft des Reisens von Belang ist. Denn den Respekt vor dem Anderen und die Bereitschaft, sich auf ihn oder es einzulassen, kann man auf keine eindringlichere Weise bekunden als darin, dass man Fragen stellt. Das Verhängnisvolle ist nun aber, dass auf Reisen meist das Gegenteil geschieht: Von eifrigen Reiseleitern oder erschöpfenden Reiseführern werden Touristen mit einer solchen Flut von Antworten (nach denen niemand je gefragt hatte) traktiert, dass jeder Anflug einer eigenen, echten Frage im Keim erstickt wird. Jeder Gruppenreisende kennt die peinliche Stille am Ende einer Führung, wenn der Guide sich bemüßigt sieht, in Erkundung zu bringen, ob noch jemand Fragen habe. Entweder herrscht Schweigen oder – schlimmer noch – die üblichen Verdächtigen nutzen die Gelegenheit, um ihre eigenen Antworten auf ungestellte Fragen vorzutragen. Informationen, noch mehr Informationen, Meinungen, Urteile – aber keine Fragen. Doch auf Reisen muss man fragen, wenn denn stimmt, dass gute Reisen innige Gespräche mit der Welt sind: den Menschen, die einem begegnen; den Orten, die einen ansprechen; mit sich selbst. Fragwürdiges – im vollen Sinne des Wortes – werden achtsam Reisende immer im Übermaß finden.

Fragen öffnen, Fragen brechen auf, Fragen bauen Brücken. Fragen sind der eigentliche Motor einer Reise. Wer keine Frage im Gepäck hat, braucht sich nicht auf den Weg zu machen. Wer nur fertige Antworten mit sich führt, wäre besser daheim geblieben; denn er läuft Gefahr, in Selbstbezüglichkeit zu ersticken und nichts von dem zu gewahren, was ihm begegnet – nichts von dem zu hören, was das fremde Land ihm sagen könnte. Nein, wer wirklich reisen will, braucht Fragen, die ihm die Richtung weisen; Fragen, die ihn ins Gespräch mit der bereisten Welt verwickeln; Fragen, die neue Horizonte öffnen und am Ende dazu führen, dass der eigene Horizont mit den bereisten Horizonten verschmelzen kann. Wo das geschieht, da öffnet sich dem Reisenden das größte Glück: das Glück des Verstehens, das Glück des Sinns.

Das Glück des Verstehens

Bei seinem Bemühen, mittels seiner Philosophischen Hermeneutik dem Glück des Verstehens auf die Schliche zu kommen hat Hans-Georg Gadamer in seinem Hauptwerk *Wahrheit und Methode* (1960) eine für unser Thema sehr passende Metapher gefunden: »Verstehen ist immer der Vorgang der Verschmelzung vermeintlich für sich seiender Horizonte«, schreibt er. Gemeint ist damit Folgendes: Wer immer ein Gespräch, ein *wirkliches* Gespräch, führt, verfolgt dabei – sei es bewusst, sei es unbewusst – ein bestimmtes Ziel: Es geht ihm um Verständigung. Erst wenn dieses Ziel erreicht ist, kann ein Gespräch zum Abschluss kommen. Denn erst im Verstehen erfüllt sich das Gespräch, so dass die Gesprächspartner in ihm Erfüllung finden. Solange dies nicht der Fall ist, werden sie weiter darum ringen, diesen magischen Punkt zu erreichen, an dem die beiden sagen können: »Jetzt verstehe ich« oder »Jetzt verstehen wir uns«. Der Willen zur Verständigung ist so gesehen der Treibstoff, der den Motor einer jeden Konversation (die Frage) in Schwung hält; zumindest einer jeden Konversation, die mehr ist als ein Meinungs-, Informations- oder Schlagabtausch. Dieser Willen zur Verständigung bewegt die Gesprächspartner aufeinander zu: fragend und antwortend, neue Räume erschließend, neue Wege erprobend, bis sie ihre Horizonte zur Verschmelzung gebracht haben: bis sie sich einen gemeinsamen Verstehensraum geschaffen haben, in dem sie ihre Gesprächsthemen, Positionen und Perspektiven gemeinschaftlich verorten können. Das ist der Moment der Verständigung und des Einander-Verstehens: der Moment des Glücks, das die Gesprächspartner gemeinschaftlich ergreift und ihnen das Gefühl gesteigerter, intensiver Zusammengehörigkeit und Lebendigkeit gewährt.

Und genau das ist auch das Glück des meisterhaft Reisenden. Es stellt sich ein, wenn sein Gespräch mit der bereisten anderen und fremden Welt zu Sinnverstehen und Einverständnis führte; wenn ein ›Ja‹ angesichts der bereisten Welt auf den Lippen des Reisenden spielt und sein ganzes Wesen durchdringt; wenn die Fremde nicht mehr Fremde, sondern eine neue, weitere und größere Heimat seiner Seele geworden ist. Und so wird nun verständlich, was Ilija Trojanow all denen mit auf Reisen gibt, die die Meisterschaft des Reisens erlangen wollen: »Reise nicht von der Heimat in die Fremde und wieder zurück, sondern verwandle die Fremde in Heimat!« Denn nur darum geht es wirklich, wenn wir *aufbrechen*: die Enge des eigenen Horizontes zu durchstoßen, um neuen Horizonte zu erschließen, den Blick zu weiten, die Seele wachsen zu lassen. Dass dies nicht illusorisch oder realitätsfern ist, lehrt eine Reiseaufzeichnung der Schriftstellerin und Philosophin *Simone de Beauvoir* (1908–1926). In ihren Aufzeichnungen von einer Reise nach Spanien im Jahre 1931 notierte sie: »›Wozu reisen? Von sich selbst kommt man doch nicht los‹, hat einmal jemand gesagt. Ich kam von mir los; ich wurde kein anderer Mensch, aber ich verschwand. Vielleicht wissen nur sehr aktive oder sehr ehrgeizige Menschen, die beständig in Pläne verwickelt sind, von diesen Pausen, in denen die Zeit plötzlich stillsteht und die eigene Existenz mit der unbeweglichen Fülle der Dinge verschmilzt: welche Entspannung! Welcher Lohn! In Avila öffnete ich morgens die Läden meines Fensters und sah die Türme, die sich hochmütig in den blauen Himmel reckten. Vergangenheit, Zukunft, alles erlosch. Es gab nur noch eine einzige glorreiche Gegenwart.« – Verschmelzung der Horizonte, Gegenwärtigkeit, Sinnverstehen; die köstliche Frucht der offenen und respektvollen Begegnung mit dem Anderen der Welt da draußen vor dem Fenster.

Neuerlich bewährt sich hier die Deutung der Reise als Gespräch. Denn von einer guten Reise gilt genau das, was Gadamer über das Gelingen eines Gespräches sagt: »Etwas ist für uns ein Gespräch gewesen, was etwas in uns hinterlassen hat. Nicht dies, dass wir da etwas Neues erfahren haben, machte das Gespräch zu einem Gespräch, sondern dass uns im anderen etwas begegnet ist, was uns in unserer eigenen Welterfahrung so noch nicht begegnet war.« Und deswegen: »Das Gespräch hat eine verwandelnde Kraft. Wo ein Gespräch gelungen ist, ist uns etwas geblieben und ist in uns etwas geblieben, das uns verändert hat.« – Ebenso können wir sagen: Eine Reise hat eine verwandelnde Kraft. Wo eine Reise gelungen ist, ist uns etwas geblieben und ist in uns etwas geblieben, das uns verändert hat.

Veränderung des eigenen Seins, Wachstum der Seele, Reichtum an Lebendigkeit: All das kann eine Reise bewirken, all das steckt in ihr, all das ist ihr Potenzial. Es zu entfalten ist nicht schwer, wenn Reisende das Ethos der Gelassenheit erlernt und Tugenden wie Hingabe, Empfänglichkeit, Entschleunigung und Respekt sowie den Willen zum Verstehen in ihrer Reisepraxis kultiviert haben. Gewiss müssen wir uns eingestehen, dass die moderne Reiseindustrie dem Ethos der Gelassenheit – und mithin der Meisterschaft des Reisens – nicht günstig ist. Engmaschige Programme, knappe Taktung, Flugreisen, All-Inclusive-Angebote: All das verfestigt die Konsumentenhaltung der Touristen und macht es schwer, mit der bereisten Welt in eine beglückende, bereichernde, transformierende und Lebendigkeit entfesselnde Konversation zu finden. Aber ganz unmöglich ist es nicht. Kleine Fluchten sind immer möglich: kleine Fluchten in die Einsamkeit, die Stille, die Hingabe, das Fragen, das Inhalieren einer fremden, andersartigen Umgebung. Manchmal reicht ein kurzer, echter, wacher und hingebungsvoller Augenblick, um die ganze Wucht der Gegenwart des Anderen zu empfangen und momenthaft das totale Glück der Horizontverschmelzung zu erleben. Es ist möglich – jederzeit. Es liegt nur an einem selbst, ob man bereit ist, sich auf seine Reise einzulassen.

Nein, falsch. So ist es nicht. Zumindest nicht mehr – und vor allem nicht überall. Irgendwie wäre es dann doch naiv, einfachhin davon auszugehen, das Fremde oder Andere wäre da und warte nur darauf, von uns besucht zu werden. Denn die Welt, die wir bereisen, hat ihre Diversität verloren – nicht allein die Biodiversität, sondern auch die kulturelle Diversität. Die Flughäfen dieser Erde sehen überall gleich aus; die Shopping-Malls der Großstädte folgen allesamt dem gleichen Design. Endemische Kulturen, Lokalkolorit und Tradition leben oft nur noch in Folklore-Performances oder Freilichtmuseen. Das Andere wird weniger, das Fremde sterilisiert. Dadurch aber bringen wir uns um die Juwelen des Reisens. Wir müssen heute jedenfalls tiefer schürfen, um sie zu entdecken: die Orte aufsuchen, die fern der Touristenwege liegen. Aber auch sie stehen bald in der »Insider-Tipp«-Sparte des Reiseführers. Wer die Kunst des Reisens meisterhaft ausüben und die Tugend der Gelassenheit lebendig werden lassen möchte, sollte sich deshalb nicht nur im Ethos des Sich-Einlassens, des Sich-angehen-Lassens, des Loslassens und des Sich-Zeit-Lassens üben – sondern allem voran auch in dem Ethos des *Bestehen-Lassens*. Denn es ist alles andere als ausgemacht, dass die Reiseländer dieser Erde den Tourismus dieser Tage überleben werden. De facto sind sie in Gefahr. *Overtourism* heißt die Diagnose, und die Therapie, die die Experten ihnen gern verschreiben würden: Änderung der Reisegewohnheiten.

Verantwortlich reisen

Von *Theodor W. Adorno* (1903–1969) ist das Bonmot überliefert: »Es gibt kein wahres Leben im Falschen«. Wir müssen uns heute fragen: Ist ein wahres und wesentliches Reisen unter den Bedingungen der Gegenwart überhaupt noch möglich? Lässt der moderne Massentourismus und das Phänomen des *Overtourism* ein meisterhaftes Reisen überhaupt noch zu? Können wir hinter dem Vorzeichen von Klimawandel und Umweltverschmutzung überhaupt noch guten Gewissens aufbrechen? Diese Fragen stellen sich nicht primär aus moralischen Gründen, sondern vor dem Hintergrund unserer Überlegungen über das Wesen des Reisens und die von ihm abgeleiteten Tugenden des Reisens. Denn wir können am Ende der Frage nicht ausweichen, wie ein inniges Gespräch mit der von uns bereisten Welt überhaupt noch möglich ist, wenn unsere Reisen die von uns bereiste Welt gefährden – wenn sie in ihrer Vielfalt, Diversität, Andersheit bedroht ist, wenn sie in ihrer Schönheit, Exotik und Fremdheit bedroht ist, wenn sie in ihrem ökologischen Fortbestand bedroht ist. So oder so: Die Meisterschaft des Reisens kann heute nicht länger allein darin bestehen, das Eigene loszulassen und sich auf das Fremde einzulassen, sie kann auch nicht allein darin bestehen, sich Zeit zu lassen und es auf Reisen geschehen zu lassen; nein, sie wird sich zunächst einmal dadurch auszeichnen, dass sie das Andere und Fremde, das Reiseland und Reiseziel, *bestehen lässt* – rein physisch und ökologisch, vor allem aber auch in seiner Andersheit und Fremdartigkeit. Denn wo nichts mehr lebendig, anders oder fremd ist, gibt es auch nichts mehr, mit dem wir in ein beglückendes und bereicherndes Gespräch treten könnten. Will sagen: Wer heute reist, muss um des Reisens willen Sorge dafür tragen, dass die bereisten Städte und Länder in ihrer Eigenart bewahrt bleiben. Und das wird künftig alles anderes als leicht sein, wenn man bedenkt, dass Orte wie Barcelona, Amsterdam, Venedig oder Dubrovnik bereits heute massiv an einer Überdosis von Touristen leiden und sich die Zahl der Besucher bis 2050 voraussichtlich nochmals um 50 Prozent erhöhen wird. Kann es unter diesen Bedingungen noch ein wirklich gutes Reisen geben?

Unmöglich ist es nicht. Entscheidend wird sein, dass man dort, wo man sich auf Reisen aufhält, auch tatsächlich gegenwärtig *ist* – und nicht in einer entrückten Konsumenten-Trance fühl- und teilnahmslos an irgendwelchen austauschbaren Sehenswürdigkeiten vorbeitaumelt. Und genauso wichtig ist, dass man den Ort, an dem man ist, respektvoll und verantwortungsbewusst behandelt: sich von ihm anreden und ins Gespräch verwickeln lässt, um ihm dann eine Antwort zu *sein*, die ihn respektiert und seinen Bestand nicht gefährdet. Für jeden Reisenden und Touristen sollte genau die Maxime gelten, die jeder Toilettenbesucher kennt: »Verlassen Sie diesen Ort so, wie Sie ihn gerne vorfinden möchten!« Das aber setzt voraus, ihn in seiner Andersheit und Besonderheit gelten zu lassen – eben nicht zu erwarten, dort alle Annehmlichkeiten, Bequemlichkeiten und Geläufigkeiten zu finden, die man von zuhause kennt, sondern sich überraschen und ggf. befremden zu lassen.

Dazu braucht es drei Haltungen, die wir zuletzt bedenken wollen: das Ethos der Anpassung, das Ethos der Synchronisation und das Ethos der Ökologie. Was heißt das?

Das Ethos der Anpassung lässt sich auf eine einfache Formel bringen: Je lokaler desto besser. Wer den Zauber des Reisens entfesseln möchte, tut gut daran, Orte aufzusuchen, die abseits der Touristenwege liegen: einheimische Lokale, Geschäfte, Friseursalons etc. Das erfordert manchmal Mut und Vertrauen – zwei Tugenden, ohne die man ohnehin nicht wirklich reisen kann; die einen aber oft mit unverhofften Fundstücken belohnen. Mut, das lehrte bereits *Aristoteles*, ist freilich etwas anderes als Kühnheit. Man muss es nicht dem Verfasser dieses Textes nachtun, der in Lhasa mit einem Übermaß an Abenteuerlust ein Einheimischenlokal aufsuchte – und es mit einer Salmonelleninfektion verließ... Ein gesundes Maß an Vorsicht ist vonnöten – aber ohne Neugier und den Mut, Gewohntes aufzubrechen und sich auf das Fremde einzulassen, kommt man nicht ins Gespräch mit der Welt.

Allerdings ist dabei wichtig zu beachten, dass man den Einheimischen nicht zu sehr auf die Pelle rückt. Man bleibt ein Gast, ein Fremder – und man sollte nie erwarten, dass man anders behandelt wird; und sich nie so verhalten, als wäre man etwas anderes. Das Ethos der Anpassung verlangt deshalb ein feines Fingerspitzengefühl: einerseits über die eigene Grenze gehen, andererseits nicht die Grenzen der Einheimischen und Gastgeber verletzen. Sich ein Stück weit den Gepflogenheiten, Tischsitten, Kleiderordnungen des Gastlandes anpassen, ohne sich mit den Einheimischen gemein zu machen oder ihnen aufzudrängen. Letztlich geht es darum, die Kultur des Gastlandes zur respektieren, anzuerkennen und sich von ihr in Anspruch nehmen zu lassen: sie als das Andere gelten zu lassen, für das wiederum man selbst der Andere ist. Die Andersheit und Vielfalt zu bewahren, ist eine Aufgabe, der sich jeder verantwortungsbewusste Reisende unterziehen wird. Denn täte er es nicht – er brächte sich um das, was seine Reise sein kann: ein inspirierendes Gespräch mit einer Welt, die anders ist als zuhause. Das gilt zum einen für die Orte und lokalen Gegebenheiten, es gilt zum anderen für die Sitten und Gepflogenheiten; und es gilt für die Rhythmik und Taktung der Zeit. Das ist ein Thema, über das sich wenig Reisende Gedanken machen. Man weiß wohl, dass »die Uhren in Bayern anders gehen«, tatsächlich aber gehen sie überall anders. Jede Stadt, jedes Land hat seine eigene Geschwindigkeit, die man ebenso achten und für sich übernehmen sollte, wenn man als verantwortlich Reisender die Besonderheit des Reiselandes wahren und bestehen lassen möchte.

Das ist freilich schwierig, wenn man mit einem fertigen Plan und Programm durch fremde Länder rauscht; doch sind auch hier Annäherungen möglich, wenn man nur bereit ist, sich einen Augenblick lang für den Rhythmus einer Stadt zu öffnen und auf ihn einzuschwingen. Das kann dazu führen, dass man nachts nicht mehr zur Ruhe kommt – »in a city that never sleeps …«; es kann aber auch dazu führen, dass man einen Teil des Programms cancelt, weil die einzige wahre Antwort auf den Anspruch einer Stadt im Süden eine ausgedehnte Siesta ist und eben nicht eine weitere Besichtigung.

Reisen sind Gespräche mit der Welt. Gute Reisen sind gute Gespräche mit der Welt: Gespräche, die die Gesprächspartner achten und respektieren, sich auf sie einlassen und sie bestehen lassen; die sich von ihnen in Anspruch nehmen lassen, und ihnen Antwort geben: verantwortlich Antwort geben, indem sie selbst zu einer guten Antwort werden. Wer die Welt bereist und sie auf Reisen lieben lernt, wird sich um ihren Bestand sorgen. Wer mit offenen Augen und offenem Herzen die Welt bereist, wird tief betroffen sein von dem, was er erblickt. Vieles wird ihn erfreuen, aber vieles auch schockieren und entsetzen: Menschliche Armut und menschliche Not, zerstörte Landschaften und Müllberge, Schönheit in Verfall und Niedergang. Wer meisterhaft zu reisen wünscht, wird auch davor die Augen nicht verschließen können. Er wird auch die Schattenseiten der bereisten Orte auf sich wirken lassen – und er kann heute nicht mehr umhin, sich von ihnen infrage stellen zu lassen. »Das geht mich nichts an«, wäre nicht nur ignorant, sondern zynisch – Indiz eines flachen, nichtssagenden Reisens. Nein: Nicht nur der Zauber und die Schönheit eines Reiselandes rufen dem wachen Reisenden zu: »Du musst dein Leben ändern!« – Auch die dunklen Seiten zwingen ihn zu dieser Einsicht.

Und das Verhängnisvolle dabei ist: Es betrifft auch sein Reiseverhalten – das oft nicht Teil der Lösung, sondern der Probleme ist, mit denen man konfrontiert wird; denn unser Reisen ist nun einmal eine Variante genau der Konsumgewohnheiten, die sowohl zur Zerstörung und Vergiftung ganzer Landstriche als auch zur Verelendung und Verarmung ganzer Bevölkerungsgruppen führen. Deshalb kommen Reisende, die meisterlich zu reisen wünschen, nicht umhin, ihre Reisegewohnheiten zu überdenken und sich Gedanken zu machen, wie und wohin sie in Zukunft reisen werden.

Angesichts von Klimawandel und Umweltverschmutzung wird, wer gut und sinnvoll, meisterhaft und freudig reisen möchte, nicht mehr umhinkommen, die ökologischen Aspekte seiner Reise zu bedenken. Er wird sich genau überlegen, ob nicht eine Flugreise im Jahr genug ist und ob es nicht auch reizvoll sein könnte, Europa mit der Eisenbahn zu durchqueren. Er wird sich fragen, ob er tatsächlich gigantische Wohnmobile durch die Gegend bewegen muss oder nicht vielleicht doch einmal den Charme eines Gasthofes goutieren möchte. Oder er wird sich fragen, ob es wirklich wünschenswert ist, sich im Pulk von Tausenden anderen Reisenden durch die Innenstädte mediterraner Hafenstädte zu schieben. Von *Overtourism* betroffene Orte wird er tendenziell umschiffen. Er wird bei Reiseveranstaltern auf Öko-Zertifikate achten und als Individualreisender einen der CO2-Rechner im Internet bemühen, um sich ein Bild davon zu machen, wie er reisen kann, ohne das Fieber weiter anzufachen, das unseren Planeten längst ergriffen hat.

Kein wirklich Reisender wird aufbrechen und sich zur Welt verhalten, als ginge sie ihn nichts an. Im Gegenteil: Er wird aufbrechen – die glatte Benutzeroberfläche seines eigenen Ichs *aufbrechen* –, um sich von der Welt angehen zu lassen. Er wird aufbrechen zu einer Reise, die seine Seele wachsen und gedeihen lässt, und dabei die Zukunft unserer Kinder nicht auf Kosten einer leichtfertig vergeudeten Gegenwart verspielen. Wer heute eine Reise unternimmt, tut gut daran, ein Wort von Friedrich Nietzsche zu beherzigen, das jedem Reisenden ins Reisetagebuch geschrieben werden sollte: »Bleibt der Erde treu!«

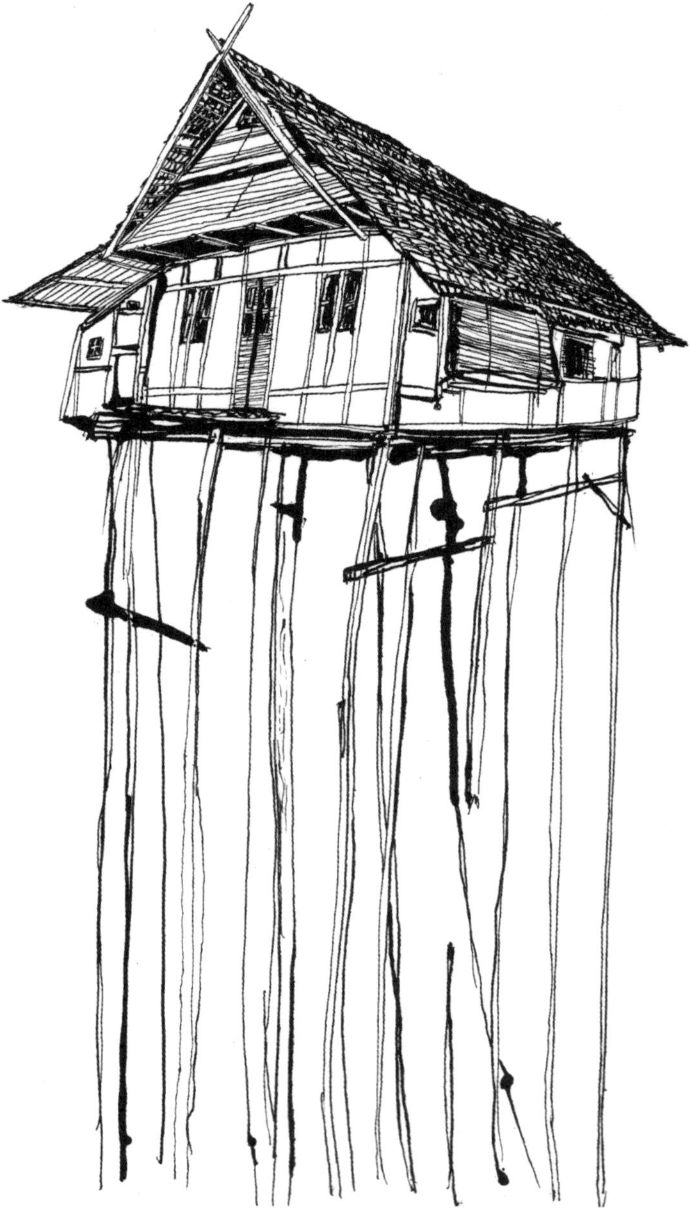

Philosophisch reisen

Erfahrungen mit einem neuen Genre

Seit zwei Jahrzehnten befindet sich die Philosophie im Aufwind. Sie hat über die universitären Mauern gesetzt und außerhalb der Akademie ein Terrain gewonnen, von dem früher noch nicht einmal zu träumen war: Philosophische Cafés und Festivals, Zeitschriften, Sendeplätze und Lesungen, Denktage und vieles andere mehr. Es geht der Philosophie gut zu Beginn des 21. Jahrhunderts. Sie ist vom Elfenbeinturm herabgestiegen, sie spricht sinnlicher und vor allem erzählerischer. Die Philosophie ist ein Gesprächspartner geworden für alle, die gern einmal nachdenken. Ja, gerade heute in unserer informationsflutenden Zeit wächst das Verlangen nach Struktur und Ordnung, nach tiefer wurzelnden Argumenten und breiter Denkfläche. Philosophieren ist ein Grundbedürfnis des Menschen. Man will selbst gestalten und nicht mehr nur zuhören, und genau das meint ein lebendiges Philosophieren: Teilnehmen am Weltgang der Zivilisation, ihn beobachten und kommentieren. Doch zuhause finden sich oft nicht genügend Gesprächspartner, und überhaupt: Dafür wolle man unterwegs sein, in einer ansprechenden Gegend, auf Pirsch zum *genius loci*.

Der Beginn vor zwanzig Jahren

Von diesen Wegen möchte ich berichten, vom Klima philosophischer Reisen, vom Zusammenspiel von Ort und Thema, vom Gesprächsraum, der sich den Reisenden dabei öffnet. Langjährige Erfahrungen gehen dabei ein, doch unvermeidlich bleibt das Folgende eine subjektive Zeichnung. Keineswegs soll es das neue Genre definieren, jede philosophische Reise ist anders und jede Reiseleitung bringt hier ihren eigenen und unverwechselbaren Stil ein. Es lebe die Vielfalt. Gleichwohl: Vielfalt ist nicht Vielheit, sie streut sich um einen Schwerpunkt, und den möchte ich in den Blick nehmen – subjektiv, gewiss, aber doch aus Erfahrungen gewonnen – damit sich diejenigen, denen das Genre neu ist, ein Bild machen können: Was ist das eigentlich, eine philosophische Reise?

Ich begann im Jahr 2000 damit, philosophierend mit Gruppen zu reisen, Christoph Quarch zwei Jahre später. Zunächst war es ein Versuch, ein schüchterner: für fünf Tage Zermatt ans Matterhorn, und weitere fünf in Sils Maria im Schweizer Engadin. Denken, Wandern, in der großen Natur sein, das war das Konzept. Noch während der ersten Reise überfielen mich am letzten Seminartag heftigste Kopfschmerzen, ich hatte die Halsmuskulatur verkrampft, es war ein erkämpfter Einstand damals. Im nächsten Jahr ging alles schon souveräner ab, ich mietete die Villa Bacío in der Toskana für eine philosophische

Woche, im Herbst 2001 entdeckten wir ›Platons Welten‹ auf der Peloponnes. Und sehr rasch entwickelte sich ein kleines Reiseprogramm, das stetig wuchs, das sich von Mal zu Mal breiter aufstellte. Proportional dazu musste ich allerdings auch den Mut zur Lücke aufbringen. Die weißen Flecken in meiner ideengeschichtlichen Landkarte zeigen sich mir nämlich bei jeder Gelegenheit, dafür sorgen schon die Reiseteilnehmer mit ihren Fragen und Einwänden. Da heißt es, die eigenen Grenzen bekennen, die Achseln zucken und sich nicht in Halbheiten retten.

Aber: es gibt ja noch die andere Seite einer philosophischen Reise. Man möchte sich wohlfühlen, körperlich wie auch gedanklich. Man möchte wahrgenommen und umsorgt sein. Organisatorische Fehler werden dem philosophischen Reiseleiter schon mal vergeben, Wissenslücken sind verzeihlich, Aussetzer im Sympathiefluss dagegen nicht. Wenn sich zu wenige Resonanzen einstellen, dann droht eine philosophische Reise zu scheitern. Da mag man mit seinem Wissen noch so glänzen, noch nicht einmal die halbe Miete lässt sich damit erwirtschaften. Die größere Hälfte füllt aber das ›Ereignis Gruppe‹ hinzu. Das Philosophieren mag es beleben, aber belastbar ist es allererst durch persönliche Begegnungen.

Philosophische Reisen führen zu Orten, die ein Thema für uns Menschen sind, die Legenden geworden sind. Orte, mit denen sich Entdeckungen verbinden, geistige Abenteuer und naturwissenschaftliche Fundstücke. Orte, an denen kulturelle Innovationen sich ereigneten. Wo Gedanken geboren wurden, die von dort aus in die Welt zogen. Orte, an denen unser menschliches Selbstbild geformt wurde und unser Bild von der Natur. Philosophische Reisen machen mit entfernteren und näheren Epochen bekannt, sie schreiten weite denkerische Horizonte aus und führen idealerweise immer auch zurück zum persönlichen Gesichtskreis eines jeden Teilnehmers. Dann erst gewinnen die Abenteuer des Denkens einen existenziellen Wert.

Das magische Dreieck des Reisens: Aufbruch, Dort-Sein und Rückkehr

Reisen ist etwas anderes als Urlaub. Urlaub ist Atemholen, Ausspannen, Erholung, Unterbrechen der alltäglichen Routine. Urlaub ist Fort-Sein, Reisen dagegen ist Dort-Sein. Jede Reise, die mehr ist als ein Urlaub, hat die Figur eines magischen Dreiecks aus Aufbruch, Dort-Sein und Rückkehr. Jeder dieser drei Winkel gewinnt Bedeutung und Format durch die beiden anderen.

Der Aufbruch – wir bereiten uns auf eine Begegnung mit unbekannter Welt vor, selbst dann, wenn wir schon zum wiederholten Male nach Paris fahren, denn jedes Mal wird Paris anders sein, weil wir in anderen Umständen auf eine Stadt in anderen Umständen treffen. Paris lebt zudem auch von seinen Geschichten, viele Reiseziele haben eine epische Weltbreite, die sich nur in wiederholten Besuchen erschließt. In der Freude des zweiten oder dritten Blicks bildet sich ein existenzielles Narrativ aus. Jeder Aufbruch, der seinen Namen verdient, beginnt mit der Bereitschaft, ja sogar mit dem Begehren, eine neue Erzählung mit sich selbst anzufangen. Jeder Aufbruch ist ein Neuanfang und keine Unterbrechung des Status quo.

Und damit sind wir schon beim Dort-Sein. Es spannt uns einen Raum und eine Zeit von Erfahrung auf, und dazu nehmen wir uns mit von wo wir kommen und wohin wir wieder zurückkehren werden. In unseren Reisekoffer haben wir nicht nur Zahnbürste, Hosen und Sandalen gepackt, sondern auch uns selbst. Um dieses Selbst geht es beim Reisen. Das Dort-Sein macht eine existenzielle Selbsterfahrung im Spiegel der bereisten Welt möglich. Sind wir allerdings nur fort und nicht wirklich dort, haben wir lediglich unseren Aufenthaltsort verlagert. Die neue Örtlichkeit berührt dann nur die Oberfläche des seelischen Lebens. Mental ist man noch zuhause. Doch ist man wirklich dort, dann ist man es mit voller Identität. Die Andersartigkeit von Land und Leuten dringt nun tiefer ein in den seelischen Haushalt. Das Fremde kann dort Keime der Veränderung pflanzen, die mitunter erst sehr viel später treiben mögen. Nicht selten sind es besondere Begebnisse, die auf Reisen widerfahren und die zu Schlüsselerlebnissen werden, die das innere Leben zu Veränderungen aufbereiten. Dabei sind die Schwellen niedrig: Eine Taxifahrt kann mehr sein als nur eine stumme Dienstleistung. Ein Gang über den Bazar kann zu einem Fototermin auswachsen, zu dem sich plötzlich von anderen Ständen Brüder, Onkel und Töchter gesellen und schlussendlich eine orientalische Familie mit undefinierten Rändern in die Linse blickt. Sehr schnell gelingt ein zwangloser, freundlicher Austausch mit der Welt der Anderen, der uns beschwingt. Und immer sind es die kleinen Erlebnisse, die hier zählen. Zugegeben: zum Dort-Sein braucht es Zeit, Aufenthalt und möglichst auch den langen Atem für Wiederholungen an nämlichen oder ähnlichen Orten. Dann kehren Ruhe ein und kleine Inseln eines Bleibens, darin besteht das Geheimnis des Dort-Seins.

Gerade in Zeiten des touristischen Zeitnotstandes kann eine philosophische Reise über ihre Thematik solche Pole des Ruhe-Haltens erzeugen. Denn sie erzeugt Begegnungen auf ihre Art, Begegnungen mit kulturellen Traditionen, mit Tiefenschichten des Daseins, die keine Kinder des Augenblicks sind. Idealerweise öffnet gerade ein gelungenes philosophisches Gespräch in den Vormittagsstunden für die Begegnungen mit der Lebenswelt ›da draußen‹. Idealerweise, selten erreicht, aber daran ließe sich noch arbeiten.

Die Erfahrung, die wir mit der Örtlichkeit, mit den Anderen wie auch mit uns selbst machen, lässt uns bei der Heimkehr anders wieder eintauchen in unser gewohntes Umfeld. Wie jedes gute Buch uns verändert zurückläst, so sind wir nach jeder guten Reise ein wenig Andere geworden. Im magischen Dreieck von Aufbruch, Dort-Sein und Rückkehr sind alle drei Punkte existenziell miteinander verbunden.

Das Potenzial einer philosophischen Reise

Eine philosophische Reise hat das Potenzial zu solcher Verzauberung unseres Daseins. Die Magie von Ort und Thema macht den Anfang dazu. Sie entrückt uns zu einem Dort-Sein, das geographisch, historisch und gedanklich ein stimmiges Ganzes bildet. Lebendig soll es zugehen, und dazu bedarf es einer gelungenen Komposition aus Denken, Exkursionen, Wanderungen, großer Landschaft und historischen Stadtbildern. Das sorgt für den belebenden Wechsel im Bühnenbild, doch alles geschehe hier in rechtem Maß. Nicht die Summe der Erlebnisse zählt, sondern deren Tiefe. Wenn am Abend die Reisenden eine Tagesbilanz ziehen, dann entscheidet, was wirklich berührt hat. Die philosophische Reise legt einen weit langsameren Gang ein als die klassische Kulturreise, weil schon das Denken ein langsamer Vorgang ist. Denken ist ein Diskurs, ein langsames Hindurchgehen durch Gründe und Gegengründe, dann einen Schritt wieder voran zu einer Synthese, in der sich einzelne Gedankenstränge bündeln, und nun erheben sich wieder Einwände, die auf ihre Triftigkeit geprüft werden. *Friedrich Nietzsche* (1844–1900) machte auf die Wesensverwandtschaft von Denken und Gehen aufmerksam: »So wenig wie möglich *sitzen;* keinem Gedanken Glauben schenken, der nicht im Freien geboren ist und bei freier Bewegung.«

Im langsamen Gang spielt der Tonfall eine besondere Rolle: Der philosophische Reiseleiter kann dem Thema Klang und Rhythmus geben, um das Gesprächsfeld den Teilnehmern zu öffnen und ein Wir-Gefühl zu moderieren, das letztlich nur die Gruppe erzeugen kann. Ihm obliegt die Kunst der Gesprächsführung: In richtigen Augenblicken zu lenken und dann wieder geschehen zu lassen, plastische Anschauungsbilder zu finden, die Lust zu wecken, eigene Positionen zu hinterfragen und den Humor gegen dogmatische Verhärtungen zu stellen – zum Tonfall des Philosophierens gehört auch das Lachen.

Die Magie des Ortes

Nicht jede Reise führt zu einem magischen Ort. Überdies: geht es nicht eher um magische *Momente?* Und die legt sich jeder auf seine, auf ihre Art aus. Aber eine besondere Örtlichkeit kann dazu inspirieren.

Die Alpen im Sommer, sie schaffen das. Die Alpen im Sommer, das sind nächtliche Frische, milde Mittage bei starker Sonne, Almen, würzige Luft, klare Konturen und große Panoramen. Wandern und Denken, vor dem Abendessen ist noch ein weiteres Thema aus dem philosophischen Korb dran. Danach das Essen und vielleicht noch ein kurzer Nachtspaziergang, eben mal die Sterne gucken.

Die nördlichen Meere, Nord- und Ostsee, sind die Ziele im Spätwinter und Spätherbst. Wie unterschiedlich sind doch das steigende und das sinkende Jahr! Die Spaziergänge am Strand oder über die Salzwiesen lassen uns den Geschmack des Meeres auf unseren Lippen schmecken. Der Kopf steht an den Küsten freier im Wind als anderswo. Darin besteht hier die Magie des Ortes.

Die mediterranen Ziele sind Andalusien, Italien, Griechenland. Der Süden, er ist Lebensart. Wir Nordländer imaginieren da Lebensfreude, *savoir vivre*, ein gutes Leben bei gesunder Ernährung. Die Städte liegen in Landschaften, die Natur begrenzt sie, der Apennin, die Sierra Nevada, die Berge der Peloponnes, der Parnass. Und immer wieder schimmert das Mittelländische Meer, kultureller und zivilisatorischer Großraum, der seine glanzvollste Rolle von der Antike bis zur Renaissance spielte. In jenen zwei Jahrtausenden bildete sich europäische Identität. Wohin da auch immer die philosophische Reise geht – sie führt zu den Wurzeln unseres gegenwärtigen Lebens. Vor Ort aber genießen wir die Atmosphäre des Südens, seine Sinnenfreude, das ästhetische Talent seiner Bewohner. Wenn abends die Plätze in gelbes Licht getaucht sind, wenn man zum Essen draußen sitzt und den Corso beobachten kann, dann ist die Luft voller magischer Momente.

Im Winter, wenn es im Süden noch zu kühl ist und bei uns touristischer Stillstand herrscht, beginnt eine besondere philosophische Reisezeit. Dann präsentieren sich die heimischen Kulturlandschaften in entrückter Abgeschiedenheit. Zudem kehrt sich der Mensch in der dunklen Jahreszeit wohl stärker seinem Inneren zu und ist empfänglicher für das Geistige als in den turbulenteren Sommermonaten. Dann sind auch die Städte ideale Ziele. Theater, Konzerte, Museen oder das Kabarett flankieren die philosophischen Themen. In den Städten konzentrierte sich seit jeher die kulturelle Welt, doch ob Stadt oder Provinz: Philosophische Reisen dorthin werfen Blicke in die philosophische Werkstatt eines Denkers oder Dichters. Der Ort prägt den Charakter und das Werk. Wien hat eine ganz andere Temperatur als Cambridge. Das Weltstädtische ist in Paris anders geformt als in Berlin, die Provinz duftet in Weimar anders als in Worpswede. Im Oxygen des Lebens besteht die Magie des Ortes ›Stadt‹.

Von der Stadt zieht es wieder hinaus in die stilleren Welten, und wir finden uns an einer kleinen Seenplatte ein. Hier ist gut Halt machen in Berghütten, bei Jausenstationen, auf Seewiesen und Parks. Wir strecken uns in der warmen Sonne aus und sind empfänglich für die schöne Literatur. Thomas Manns *Zauberberg* (1924) liest sich auf der Davoser Schatzalp einfach anders als zuhause. Rilkes Gedichte blühen intensiver auf in Worpswede. Der Mythologie des antiken Griechenlands ist man nirgends so nahe wie in Delphi, hoch über dem Korinthischen Golf mit dem Parnass-Gebirge im Rücken. Die Romantik findet auf Rügen ihre klassische Bühne, die *Caspar David Friedrich* (1774–1840) unendlichkeitssehnend in Szene gesetzt hat. Und in Venedig betrachten wir die Lagunenstadt aus den Augen der Dichter, die hier ihren Sehnsuchtsort fanden.

Die Magie des Themas

Auf jeder philosophischen Reise muss das Thema ein Echo in der Seele finden. Es muss berühren können. Es darf, ja es sollte durchaus das Denken herausfordern. Doch dabei sollte es sich nicht zu spröde anfühlen, denn es muss hineinpassen in den Erlebnisraum der Tage.

Imaginieren wir die philosophischen Themen als Berglandschaft! Dann wären die einzelnen Autoren – *Platon* (428–348 v. Chr.), *Aristoteles* (384–322 v. Chr.), *Kant* (1724–1804), *Nietzsche* (1844–1900), *Wittgenstein* (1889–1951) oder andere – die steilen Berge. Die großen kanonischen Denker stehen da auf ihren Gipfeln, das klingt nach stiller Einsamkeit, aber nein, sie sind im Gespräch mit ihresgleichen. Denn sie suchen alle, jeder und jede für sich, nach besseren Argumenten. Sie alle haben philosophische Schulen hervorgebracht, mit denen sie die großen Bergmassive bilden in der Philosophie: Idealismus, Realismus, Materialisten und Empiristen, Skeptiker oder was und wer auch immer. Auf jeden Fall führt der Weg zu den großen Denkern über die Bergmassive in unserer Landschaft. Sie haben unser Denken gefurcht, da können uns Lichter aufgehen. Nicht immer, aber manchmal schon, eine philosophische Reise legt es darauf an.

Wenn auf einer philosophischen Reise die Magie des Themas zündet, dann, ja dann ... dann ergreift die Reisenden der Eros des Denkens. Thematisch durchstreift die Gruppe dabei die breiten und weiten Hänge, Denkfelder von der Ethik über die Politik, über Fragen nach der Erkenntnis, der Natur, dem Wahren und Falschen zu Betrachtungen über Kunst und Religion etwa. Es führen da mehrere Routen hinauf, und der philosophische Bergführer wählt davon eine mit Bedacht. Nicht zu steil soll sie sein, aber doch in die Höhe soll sie führen, mit Aussichtspunkten. Wir wollen die Lust am Ausblick. Auf welches der großen Bergmassive soll es nun gehen? Gibt es da eine Rangliste?

Ich weiß es nicht, aber ich wähle gern die Route zu Immanuel Kant. Auch andere Aufstiege empfehlen sich, mein Kollege Christoph Quarch etwa favorisiert Platon. Allerdings – Weltphilosophen sollten es meines Erachtens schon sein, Philosophen von Weltrang, Philosophen, deren Denken tiefste Spuren in die kulturelle Welt gezeichnet haben. Beim Alten aus Königsberg schätze ich dessen große Klarheit in der Gedankenführung, auch belohnt er die Bergwanderer mit Ausblicken zu aktuellen Problematiken in Wissenschaft und Politik.

Im Kant-Massiv gibt es mehrere Aufstiege, reizvoll jeder einzelne. Man kann einige philosophische Reisen auf sie verwenden, und man kommt nach jeder guten Reise wie verwandelt zu sich selbst zurück. Mal folgen wir der ethischen Spur zum kategorischen Imperativ und diskutieren seinen Anspruch nach universaler Geltung. Das führt uns zum Unterschied von Verstand und Vernunft, und dabei bemerken wir, wie unscharf unsere Alltagsverwendung dieser philosophischen Kernbegriffe ist. Im Blick auf Kants politische Philosophie bewundern wir den kühnen Entwurf eines Weltfriedens, den ein Staatenbund garantieren soll – Kant als Vordenker der Vereinten Nationen. Das gefällt uns sehr, doch Halt! – weshalb gefällt uns etwas, eine Landschaft etwa oder ein Kunstgegenstand? Hat jeder seinen eigenen Geschmack? Kants Antworten darauf sind subtil und ziehen die Linien des ästhetischen Urteils bis hinauf zu religiösen Horizonten. Alles ist so fein verfugt in seinem System, das Menschenbild komplettiert sich bei jedem Aufstieg im Kant-Massiv. Und jeder einzelne Weg hinauf verspricht die Lust am Ausblick. Zugegeben: Der Aufstieg über Kantische Routen führt manchmal über schwierigere Passagen, denn wir lesen auch die Originaltexte in Kernauszügen. Aber gerade bei solchen Übungen kommen wir ins tiefere Philosophieren, das sich an Argumenten reibt. Da empfiehlt es sich, immer wieder Gehpausen einzulegen, um das Gelesene zusammenzufassen und in heutiger Sprache zu kommentieren. Der Seminarleiter kann hierbei sein kulturelles Wissen in seine Moderationskunst einbringen und Landschaften zeigen, die sich vom erreichten Punkt aus erkennen lassen. Er wirft ein Auge auf die Verfassung und die Kondition der Teilnehmer, er fühlt sich in die Erlebniswelt jedes und jeder Einzelnen hinein und sorgt dafür, dass sich möglichst viele aus der Gruppe artikulieren.

Wie war das noch mit der Lust am Ausblick? Von den Bergrücken sieht man in der Ferne die größeren Landschaften. Wir durchstreifen sie mit großen Epochenthemen wie Renaissance, Aufklärung oder Romantik. Oft gelangt man dabei auf breitere Abzweige, die quer durch die Ideengeschichte verlaufen. Die philosophischen Großthemen prägen Denkmuster, die über die Jahrhunderte variiert, verworfen und dann doch wieder aufgegriffen werden. Die Epochenthemen zeigen ein Europa aus philosophischen Augen, und die Teilnehmer einer philosophischen Reise finden dabei ihr größeres Selbst.

Die Landschaft hat nun einen Mittelgebirgscharakter angenommen. Genussvolle Wanderungen führen jetzt über die sommerlichen Wiesen. Die Diskussionen gelangen immer wieder zu bekannten Wegmarken im Gelände, wir denken über unser Wertgefüge nach und wir reflektieren darauf, welche Gedanken ein kräftiges Echo in uns werfen. Die Recht und Gerechtigkeit suchende Vernunft ist aus etwas anderem Holz geschnitzt als diejenige Vernunft, die das richtige und gute Leben erkundet – und doch zeichnen sie dasselbe Menschenbild. Es ist dasselbe Selbst, das sich außenpolitisch ins Soziale streckt und sich innenpolitisch auf die eigene Sinngebung versteht.

Aber jetzt, wo wir leichtfüßig ausschreiten, jetzt wird es Zeit, dass wir hochaktuelle Themen auf die Almen pflanzen. Gentechnik etwa oder Künstliche Intelligenz, politischer Populismus und das Thema Bildung. Wie wäre es mit der ökologischen Vernunft?

Ja gern, sie ist eines der derzeit zentralen Themen der Menschheit. Auch sie greift mit ihren Wurzeln tiefer in die Tradition, zu den ganzheitlichen Naturkonzepten der antiken Denker oder der Neuzeit. *Alexander von Humboldt* (1769–1859), *Johann Wolfgang von Goethe* (1749–1832) und *Friedrich Schelling* (1775–1854) setzten sich damals mit den Erkenntnissen der zeitgenössischen Naturwissenschaft auseinander. Die Romantiker steuerten das Ihre dazu bei und beriefen sich dabei auf die synthetisierende Kraft der poetischen Sprache. Natur, Geist und menschliche Gemeinschaft bilden für die Naturphilosophen des frühen 19. Jahrhunderts ein magisches Dreieck, das die heutige Naturwissenschaft wieder entdeckt. Die Chaos-

Forschung beugt sich zurück zum allerfrühesten griechischen Denken, ein schönes Beispiel dafür, wie virulent selbst mythische Motive in der modernsten Naturforschung bleiben können. Die Quantenphysik überbrückt den alten Gegensatz von Natur- und Geisteswissenschaften. Dazu gibt es neue Anknüpfungspunkte wie ›Evolutionsbiologie und Gentechnologie‹, ›Hirnforschung‹ und ›Künstliche Intelligenz‹.

Philosophisch versuchen wir, uns in naturwissenschaftlichem Terrain zu orientieren, und alsbald erkennen wir, wie steil dort das Gelände ist. Glücklicherweise sind auf einer philosophischen Reise immer auch naturwissenschaftlich Versierte dabei, die über manche Klippen hinweg helfen können. Und so schärft sich der Blick beim Gehen, und zuhause wird man aufmerksamer als zuvor die Wissensjournale durchblättern. Es hat sich eine neue Spur ergeben, ein neuer Zugang öffnet sich aus einer anderen Perspektive. Was ist Materie? Was ist Bewusstsein und Geist? Die Naturwissenschaften bieten hier ebenso faszinierende Erklärungen an wie die Philosophie.

Die Komposition

Eine philosophische Reise, restlos gelungen, was allerdings nie geschieht, eine philosophische Reise wäre ein Gesamtkunstwerk. Gute Balancen entscheiden alles. Seminarzeiten, Kaffeepausen, Mittagspausen und Exkursionen, die Örtlichkeit und das Thema, das Hotel oder die Villa und nicht zuletzt: das Essen. Denn über Tisch begegnet man sich und erzählt von seinem Leben. Über Tisch wird auch der ganze Tag noch einmal eingefangen und summiert: Wie eindrucksvoll war doch die kunsthistorische Führerin, die uns durch das Akropolismuseum geführt hat! Wie gut, dass man sich doch entschieden hat, den Aufstieg auf den Stromboli mitzumachen, man hätte das Farbenspiel verpasst und das abgrundtief böse Zischen des Vulkans bei seinen periodischen Ausbrüchen! Den letzten Abend unserer philosophischen Woche zum versunkenen ›Goldenen Zeitalter des Islam‹ verbringen wir in einem Restaurant im Albaicín-Viertel zu Granada und schauen hinüber zur nächtlich beleuchteten Alhambra; auf dem Rückweg durch die alten Gassen kehren wir noch auf ein Glas Wein ein, in einer kleinen Bar.

Atmosphärisch ist eine philosophische Reise eine komplexe Komposition mit einigen Unwägbarkeiten: Teilnehmer, Hotelzimmer, Wetter und dann und wann auch mal ein Streik, der die Pläne durcheinanderwirbelt. Auch darüber spricht man beim Essen, doch nun ist es Zeit für den Aufbruch, zum Hotel führt der Weg über den Strand, wo die milde Nachtluft in die Haare greift und jeden sein Leben erspüren lässt. Vielleicht findet man sogar noch eine Sprache dazu beim Gehen über den Sand, oder es bleibt beim inneren Monolog, nicht weniger artikuliert, denn es ist die Situation, es ist der ganze Tag, der nachhallt in der Seele.

Sternstunden

Jede philosophische Reise hat einen eigenen Zungenschlag. Der Reiseleiter setzt dabei auch seinen persönlichen Akzent hinzu. Die Reisenden wollen auch erfahren, wo ›ihr‹ Philosoph und ›ihre‹ Philosophin dabei stehen. Doch Farbe und Flagge können eine Gruppe auch spalten, wenn sie sich dogmatisch versteifen. Ich persönlich ertappe mich immer mal wieder dabei, zu unbedenklich meinen eigenen Positionen und Wertungen zu vertrauen. Dann erlebe ich ›meine‹ Sternstunde, wenn mich die Teilnehmer in die Schranken verweisen: Philosophen argumentieren nicht selten zu leichtfertig mit Allgemeinbegriffen oder gar mit einem undifferenzierten ›Wir‹, in dem sich nicht jeder wiedererkennen mag. Dann wiederum tragen bisweilen auch Teilnehmer der Gruppe ihre eigenen Überzeugungen lautstark vor sich her. Eine heikle Situation für den Moderator: soll er laufen lassen oder intervenieren? Gespräche gelingen nur, wenn die nötige dialogische Offenheit besteht, wenn keiner – Gruppenmitglied oder philosophischer Moderator – ein Deutungsmonopol beansprucht. Es zeugt von gesundem Selbstvertrauen, wenn man – wiederum Gruppenmitglied wie Moderator – bisweilen bekundet, hier oder dort nicht weiter zu wissen oder dass man in wichtigen Fragen die Dinge in der Schwebe halten möchte: Weil es eben nicht immer eine klare Antwort gibt, weil das Leben oft anders spielt, weil manches zweideutiger ist und sich nicht auf den engen Flaschenhals von Begriffen ziehen lässt. Zudem wissen ernsthaft Philosophierende, dass sie immer nur *eine* Lesart eines Themas präsentieren können. Alles Denken ist notwendigerweise begrenzt, niemals gelangt es zum vollen Bild. Diese Tugend der Bescheidenheit kann zivilisieren und die Stilleren zu ihren eigenen Lesarten ermuntern. Dabei können sich Sternstunden ereignen.

Eine philosophische Reise mag davon viele haben – den *kairos* nannten die Griechen den besonderen Moment, in dem sich Sinn- und Erlebnisfülle aufgipfeln. Sternstunden haben deshalb nicht selten eine existenzielle Tiefe. Manches mag von außen dabei hereinwehen wie ein bestimmtes Licht, eine Landschaft oder eine Wolkenformation – Atmosphären, die ein Echo werfen in der Seele. Ich erinnere mich dabei noch der Segelpassage durch die Meerenge von Messina, der eine Lesung der Abenteuer des Odysseus voranging, die der mythische Held an jenem Ort zu bestehen hatte. Plötzlich kabbelte backbord die See und ließ an das Meerungeheuer Charybdis denken, das die Schiffe im Wassersog verschlang. Über dem italienischen Festland – welch eine

Fügung! – zog zu gleicher Zeit eine Windhose ihr Unwesen. Dies war eine Sternstunde der Reise, dramaturgisch perfekt arrangiert aus Quellen der Mythologie und mit Kräften des Himmels, von allen nachhaltig erinnernd erlebt. Solche Ereignisse geschehen ungeahnt und ungeplant, Geschenke einer Welt, die zum Sprechen gelangt, wenn wir Menschen ihr eine Sprache verleihen.

***

Literaturempfehlungen

Hans von Trotha: Im Garten der Romantik. Berenberg Verlag, Berlin 2016.

Rainer Wieland: Das Buch des Reisens. Von den Seefahrern der Antike zu den Abenteurern unserer Zeit. Propyläen Verlag, Berlin 2015.

Ilija Trojanow: Gebrauchsanweisung fürs Reisen. Piper Verlag, München 2018.

Christiane Grefe: Kleine Philosophie der Passionen. Reisen. Dtv, München 1998.

Martin Buber: Das Dialogische Prinzip. Verlag Lambert Schneider, Heidelberg 1984.

Claude Lévi-Strauss: Traurige Tropen. Suhrkamp Verlag, Frankfurt 1978.

Cees Noteboom: Der Umweg nach Santiago. Suhrkamp Verlag, Frankfurt 1992.

Christoph Ransmayr: Der Weg nach Surabaya. Reportagen und kleine Prosa. S. Fischer Verlag, Frankfurt 1997.

Alain de Botton: Kunst des Reisens. S. Fischer Verlag, Frankfurt 2003.

Roger Willemsen: Die Enden der Welt. S. Fischer Verlag, Frankfurt 2010.

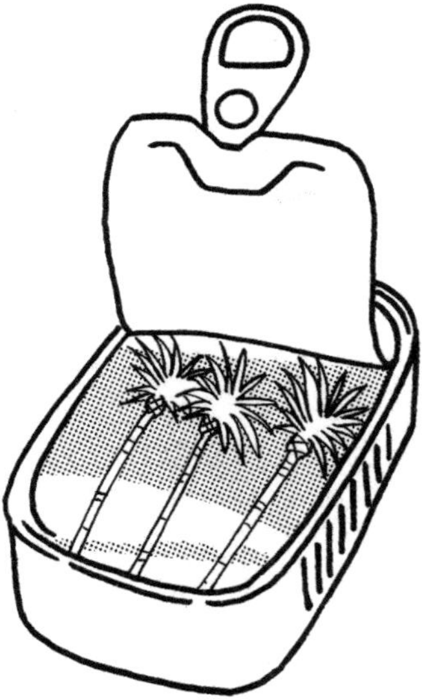

- PARADISE SNACK -